Joachim Körkel / Gunther Kruse

Mit dem Rückfall leben

Abstinenz als Allheilmittel?

Psychiatrie-Verlag

Die Deutsche Bibliothek – CIP-Einheitsaufnahme
Körkel, Joachim:
Mit dem Rückfall leben: Abstinenz als Allheilmittel? /
Joachim Körkel; Gunther Kruse.–
Bonn: Psychiatrie-Verl., 1993
(Ratschlag)
ISBN 3-88414-144-9
NE: Kruse, Gunther

Umschlag: markus lau, Berlin,
unter Verwendung der Zeichnung von Roland Topor
»Unbezahlter Urlaub: Trinken bis zum Löschen des Durstes«
Satzbelichtung: ArtTypo, Köln
Druck: Clausen & Bosse, Leck

Inhalt

Dankesworte

Es war wohl Walter BENJAMIN, der die Auffassung äußerte, alles was heutzutage gedacht und geschrieben werde, sei nur eine Wiederholung bereits früher niedergelegter Gedankengänge. Die hohe Kunst bestände gewissermaßen darin, aus bereits vorliegenden Publikationen das zu zitieren, was man selbst mitteilen wolle. Dieses Vorgehen setzt eine große Belesenheit und einen enormen Geistesreichtum voraus. Beide Merkmale wollen die Autoren nicht ohne Not auf den Prüfstand heben, und – wichtiger noch – eine solche Zitatensammlung dürfte der Lesbarkeit kaum dienlich sein.

Wir werden aber auch bei diesem Büchlein davon ausgehen müssen, daß die zum Ausdruck gebrachten Gedankengänge eine Ahnenreihe von Vätern und (wahrscheinlich etwas weniger) Müttern aufweisen. Allen diesen suchttherapeutischen AltvorderInnen sei generell die Referenz erwiesen.

Speziell gilt es für den einen der Autoren (Körkel), seinen Weggefährten Dipl.-Psych. (Arzt) Gernot LAUER und Dipl.-Psych. Ralph WOHLFARTH Dank für das kritische Kommentieren einer früheren Manuskriptfassung abzustatten, wie es zugleich dem anderen Autor (Kruse) ein Anliegen ist, den MitarbeiterInnen früherer und jetziger Wirkungsstätten (Fachabteilung Bad Rehburg des Niedersächsischen Landeskrankenhauses Wunstorf, Sozialpsychiatrische Beratungsstelle Linden, Psychiatrie III [Sebaldsbrück] des Zentralkrankenhauses Bremen-Ost und den Stationen 7 und 8 [Tagesklinik] der Nervenklinik Langenhagen/Hannover) zu danken. Wir hoffen, daß diese nun ihrerseits von unseren Ausführungen etwas profitieren können.

Joachim KÖRKEL Gunther KRUSE
Nürnberg und Hannover, im Januar 1993

1 Einleitung

Wer in einer psychiatrischen Klinik arbeitet, wird unweigerlich mit einem Phänomen konfrontiert, das oftmals Enttäuschung, Verärgerung, Gleichgültigkeit oder „Resignation bei der Begegnung mit einem alten 'Dauerkunden'" (WEITHMANN, LENZ-BÜCKER & ROTHENBACHER, 1989, S. 172) hervorruft: dem Rückfall von Alkoholabhängigen. Rückfällige in der Psychiatrie – das bedeutet in vielen Fällen Notaufnahme in intoxikiertem Zustand (oft unter Beteiligung der Polizei), Aggressions- und Autoaggressionsausbrüche, prädelirante und delirante Zustände, Suizidalität und ähnliches mehr. Im Gegensatz zur Arbeit in einer Fachklinik ist hier das ganze Elend hautnah spürbar. Aufgrund ihrer Aufnahmeverpflichtung ist die Entgiftungsstation eines Psychiatrischen Krankenhauses mit einem Standardversorgungsgebiet Anlaufstelle für eine Vielzahl Rückfälliger und der Ort, wo man über Jahre Suchtverläufe in Entgiftungs-Momentaufnahmen verfolgen kann.

So lag beispielsweise in den Jahren 1987–1989 in der Landesnervenklinik Andernach der Anteil der rückfälligen AlkoholikerInnen an der Gesamtaufnahmequote aller Alkoholabhängigen bei durchschnittlich 35,5% „und nimmt damit einen hohen Stellenwert ein" (ESSER, 1991, S.54).

Wie gehen nun TherapeutInnen z.B. mit der 14. Aufnahme eines Patienten in zwei Jahren um? Vielfach fügen sie sich in die scheinbar unvermeidbare, längst bekannte deprimierende Routine ein. Die Psychiatrie mit ihrem klassischen Entgiftungs- und Kurzzeittherapieangebot und den Mehrfachrückfälligen scheint bei den MitarbeiterInnen einen starken Sog in Richtung Resignation und Zynismus auszuüben. PatientInnen, denen es gelingt, dauerhaft abstinent zu leben und gar noch eine Lebensgestaltung und-bewältigung in Zufriedenheit zu bewerkstelligen, entgehen den TherapeutInnen auf psychiatrischen Suchtaufnahmestationen. Das heißt: Gerade diejenigen, deren befriedigendes Zustandsbild eine positive Rückkoppelung darstellen und dadurch sekundäre therapeutische Motivation freisetzen könnten, tauchen hier nicht auf.

Resignation, Zynismus, Verbissenheit: Hängen derartige Reaktionen nicht auch mit zu hoch gesteckten Abstinenzerwartungen an Suchtbehandlungen zusammen? Wir glauben beobachtet zu haben, daß sich in Suchtbehandlungen eine »therapeutische Engstirnigkeit« eingebürgert hat, die die Abstinenz zu einem unhinterfragten Behandlungsziel auserkoren hat. Abstinenz = Erfolg, Rückfall = Mißerfolg, so lautet zumindest häufig die unmittelbare Einordnung, und zwar gleichermaßen bei Alkoholabhängigen wie beim behandelnden Personal und der Einrichtung als ganzer. Das halten wir für fragwürdig. Im Götzendienst um die scheinbar alleinseligmachende »lebenslange Dauertotalabstinenz« gerät der Zweck derselben allzu schnell außer acht. Wir meinen: Die Abstinenz ist nicht unbedingt ein Wert an sich. Erst wenn sie Leiden vermindert, kommt ihr dieser zu. Mit der bisherigen, teilweise sehr eingeschliffenen Sichtweise »Rückfall = Mißerfolg« wird u.A.n. vor allem für die besonders schwer Erkrankten ein angemessener therapeutischer Ansatz verhindert. Nicht zuletzt der oftmals als untherapierbar geltende Personenkreis, der in den Empfehlungen der Expertenkommission der Bundesregierung (1988) »chronisch mehrfachgeschädigte Abhängigkeitskranke« (S. 495) genannt wird, erfordert ein anderes als ein dogmatisches Sucht- und Rückfallverständnis. Das möchten wir mit diesem Buch deutlich machen. Mit vielen Schilderungen tatsächlicher Begebenheiten aus Suchtbiographien, nicht immer stromlinienförmigen Thesen und mancher »Flapsigkeit« möchten wir dokumentieren, was uns bezüglich Rückfälligkeit die Realität in der Alkoholismusbehandlung zu sein scheint.

Dieser Band richtet sich vorwiegend an die TherapeutInnen, die im Rahmen der psychiatrischen Versorgung Suchtkranke behandeln: ÄrztInnen, Pflegekräfte, PsychologInnen, SozialädagogInnen, SozialarbeiterInnen u.a.m. Ihnen möchten wir Anregungen zum Hinterfragen mancher Selbstverständlichkeit über Sucht und Rückfälligkeit geben und dabei zum Abbau irrealer Ziele beitragen, mit der sich BehandlerInnen und Abhängige im Blick auf den (scheinbaren) Dämon Rückfälligkeit das Leben schwer machen.

Wir verstehen die folgenden Ausführungen nicht als »rundes Bild« bzw. allumfassende Erörterung des Rückfallthemas, sondern als Sammlung von Gedankenanstößen, als »Appetizer«, der einladen soll, an künftige Rückfälle mit neuen Perspektiven heranzugehen.

Die Leserin bzw. der Leser muß sich nicht auf das Rezitieren wissenschaftlicher Einzelbefunde gefaßt machen, obwohl wir beim Niederschreiben des Textes den gegenwärtigen Kenntnisstand über Rückfälligkeit vor Augen hatten und meinen, uns auf diesem Boden zu bewegen.

Wir beschränken uns in diesem Band auf den Alkoholrückfall und sind gleichwohl überzeugt, daß sich Rückfallprozesse über viele Abhängigkeiten hinweg in zentralen Aspekten gleichen (vgl. Hall, Havassy, Wasserman, 1991b).

Es ist gut möglich, mit unserem Plädoyer für ein größeres Verständnis und einen gelasseneren Umgang mit Rückfällen mißverstanden zu werden, falls man den Inhalt unseres Büchleins als Verharmlosung des Rückfalls versteht, oder gar meint, wir wollten ihn generell für ungefährlich erklären. Wir vermuten, daß wir uns dem Vorwurf aussetzen, in einige suchttherapeutische Fettnäpfchen getreten zu sein, einige engagierte SuchttherapeutInnen verprellt oder gar der Selbsthilfeszenerie und ihrem Stil des Umgangs mit Rückfällen die Wertigkeit abgesprochen zu haben. Diesen Vorwurf nehmen wir gerne in Kauf, wenn er zur Verteidigung alleinseligmachender Auffasssungen und Verfahrenweisen vorgebracht wird und wenn selbstgenügsame Einäugigkeit dazu führt, großen Gruppen von Suchtkranken die notwendige Unterstützung vorzuenthalten, um nicht immer gleich von Therapien zu sprechen.

Allen Leserinnen und Lesern, ob (nur) angeregten oder (schon) aufgeregten, wünschen wir eine unterhaltsame Lektüre.

2 Einige verständnisheischende Vorbemerkungen über Süchtige im psychiatrischen Krankenhaus

Um dem Leserkreis zunächst einen Eindruck zu verschaffen, von welchen Personen die Rede sein soll, wenn wir von Alkoholabhängigen *im psychiatrischen Krankenhaus* sprechen, wollen wir kurz auf die Ergebnisse einer aktuellen Studie (WIENBERG, 1992) eingehen. Sie wurde im Auftrag und unter Mitarbeit der Mitglieder des Suchtausschusses der sogenannten Bundesdirektorenkonferenz, d.h. der Konferenz der Chefärzte der Vollversorgungskliniken[1], erstellt.

In dieser Studie wurden zweimal (1990 und 1991) jeweils einen Monat lang SuchtpatientInnen der Vollversorgungskliniken im Hinblick auf verschiedene körperliche und soziale Parameter untersucht. Man kam zu folgenden bezeichnenden Ergebnissen: Von ca. 1000 PatientInnen waren 37% ledig und 27 % geschieden; 15% hatten keinen Schul- bzw. lediglich Sonderschulabschluß; 31% waren ohne Berufsausbildung, 45% arbeitslos, 12% berentet; 22% waren bereits mehr als fünfmal entgiftet worden. Bei 369 der ca. 1000 PatientInnen wurde innerhalb eines Jahres 891mal eine Wiederaufnahme nötig. 80% hatten zuvor keinen Kontakt zu Selbsthilfegruppen. Bei 33% der PatientInnen waren Krampfanfälle bekannt, und bei mehr als 50% konnte eine relevanter psychiatrischer Befund (z.B. Delir, hirnorganisches Psychosyndrom) festgestellt werden.

1 Dabei handelt es sich um psychiatrische Kliniken, die für eine bestimmte Region alle stationär zu behandelnden psychisch Kranken, auch Suchtmittelabhängige, aufzunehmen haben.

Nach dieser Studie sind SuchtpatientInnen psychiatrischer Kliniken ein stark beeinträchtigter Personenkreis. Diese Einschätzung erhärtet sich, wenn man SuchtpatientInnen psychiatrischer Krankenhäuser mit denen von Suchtfachkliniken vergleicht:

ROTHENBACHER, FRITZ-PFANNKUCH und WEITHMANN (1985) haben einen derartigen Vergleich vorgenommen. Sie haben für das Jahr 1982 die biographischen Angaben der EntwöhnungspatientInnen von neun psychiatrischen Landeskrankenhäusern (PLK) aus Baden-Württemberg (N=786) mit denen der PatientInnen der dem Verband der Fachkrankenhäuser angeschlossenen Kliniken in Beziehung gesetzt (N= 5325). Es zeigte sich u.a.: 82,9% der Psychiatrie-PatientInnen waren wegen ihrer Sucht bereits früher stationär behandelt worden, während sich bis zur Behandlung im Fachkrankenhaus »nur« 57,4% der PatientInnen schon in früheren Zeiten einer stationären Behandlung unterzogen hatten. Auf die Anzahl früherer Entwöhnungsbehandlungen eingeschränkt, ergaben sich entsprechende Unterschiede: 40% der Psychiatrie-PatientInnen hatten bereits eine oder mehrere Entwöhnungsbehandlungen begonnen, und ein Drittel von ihnen hatte die Behandlung regulär abgeschlossen; im Fachkrankenhaus waren es demgegenüber nur 22%, wovon zwei Drittel diese Behandlung regulär beendet hatten. Weiter teilt die Autorengruppe mit, daß die in psychiatrischen Landeskrankenhäusern „behandelten Abhängigen in der Regel längere Krankheitsverläufe aufweisen, in größerem Ausmaß von sozialen Folgeschäden betroffen sind (Arbeitslosigkeit, Wohnsitzlosigkeit, ungesicherter Lebensunterhalt) und andere Mißbrauchsmuster zeigen als Patienten der Suchtfachkliniken“ (S. 44).

In einem weiteren Vergleich zwischen den Suchtaufnahmen im PLK Weissenau und denen der Fachkliniken des Verbandes der Fachkrankenhäuser für Suchtkranke (jeweils für das Jahr 1983) ergibt sich, daß „die im PLK behandelten Patienten ... insgesamt eher langwierige Verläufe [d.h. elf Jahre und mehr] hinter sich [haben] ... als die in Fachkliniken therapierten Patienten (WEITHMANN u.a., 1989, S. 175), seltener über eine abgeschlossene Berufsausbildung verfügen (PLK: 55,2%, Fachkliniken: 70,5%) und seltener erwerbstätig sind (PLK: 42,5%, Fachkliniken: 61,9%; a.a.O., S. 176).

Schließlich zeigt eine Erhebung für das Jahr 1987, daß die Anzahl wiederaufgenommener (rückfälliger) PatientInnen bei den im Verband der Fachkliniken angeschlossenen Fachkliniken bei 25% aller Aufnahmen lag, in der zum Vergleich herangezogenen Landesnervenklinik Andernach dagegen bei 34,9% (ESSER, 1991, S.54f).

Es handelt sich bei Suchtkranken im psychiatrischen Krankenhaus demnach um einen Personenkreis, bei dem somatisch wie psychisch häufig schwere Schädigungen vorliegen und der wichtige soziale Bezüge eingebüßt hat. Diese Suchtkranken sind mit anderen Worten oftmals multipel und schwer beeinträchtigte Menschen, *deren Rehabilitation von vornherein als ein schwieriges Unterfangen erscheinen muß.* Dies sollte man sich in aller Deutlichkeit klarmachen, wird doch in der Diskussion über die Folgen des Alkoholismus meist einseitig über die »Goldrandtrinker« gesprochen, d.h. über Alkoholabhängige aus der Mittelschicht, die sozial relativ gut situiert sind und die Alkohol als Regulativ vorwiegend für psychische Konflikte benutzen. Dabei wird vergessen, daß der überwiegende Teil der schwer Abhängigen auch ohne die zusätzliche Komplikation der Abhängigkeit ein aus Sicht von MittelschichttherapeutInnen unerfreuliches Leben führt. Von selbstbestimmter Lebensführung, innerer Freiheit und Selbstverwirklichung – gängige therapeutische Zielvorstellungen, die oftmals weitergegeben werden – ist jedoch im Leben dieser Menschen ansonsten so gut wie nie die Rede. Möglicherweise geht man in den Behandlungsansätzen an der sozialhilfebestimmten Lebensrealität der untersten sozialen Schicht völlig vorbei und bearbeitet Probleme, die für diese Patientengruppe zweitrangig sind. Die Vermutung liegt nahe, daß man in den gängigen Suchtbehandlungen die Fähigkeiten der elementaren Überlebenskunst dieser Menschen nicht zu registrieren vermag, indem man nur vom »schädigenden« Alkoholkonsum spricht. Im übrigen: Man sollte nicht vergessen, daß diese therapeutischen Gespräche meist auf Möbeln und in einem Interieur stattfinden, in deren Genuß viele Betroffene das erste und letzte Mal in ihrem Leben kommen (es sei denn, sie werden wieder aufgenommen).

Das Bewußtsein für diesen elementaren Blickwinkel zu schärfen, durch Hausbesuche und eine Vielzahl von Kontakten mit Angehörigen und Arbeitskollegen (bei vorhandener Arbeitsstelle) entsprechende Erfahrungen zu sammeln, wird gerade in einer gemeindenahen und sozialpsychiatrischen Versorgungssystematik besser gelingen können als in den (natürlich nicht verzichtbaren) Fachkliniken, die meist fernab von den üblichen sozialen Lebensbezügen angesiedelt sind (vgl. zu dieser Problematik Kruse, 1992; siehe auch Kapitel 13).

Schließlich ist zu bedenken, daß die Erscheinungs- und Entstehungsmerkmale von Alkoholabhängigkeit bei genauerer Betrachtung sehr vielgestaltig sind. Alkoholismus hat viele Gesichter – auch dann, wenn man ihn als einheitliches Krankheitsbild versteht. Auch das macht die günstige Beeinflussung von Alkoholabhängigkeit zu einem schwierigen Unterfangen und muß bei den folgenden Ausführungen mitbedacht werden.

3 Einige verständnisheischende Vorbemerkungen über Alkoholismus

In Therapeutenkreisen gehört die Vorstellung, daß Alkoholabhängige nicht aus Willensschwäche oder Genußsucht trinken, zum Allgemeinwissen, zumindest zum verbalisierten. Getrunken wird oft, um die gleiche stimmungsmäßige Ausgangslage zu erreichen wie die von Gesunden, nicht aber, um diese zu übertreffen (vgl. KRUSE, 1991). In Fortführung derartiger Überlegungen liegen inzwischen mehrere Theorien vor, die detaillierte Erklärungen für Alkoholismus anbieten (vgl. z.B. ANTONS, 1981; SCHLÜTER-DUPONT, 1990).

Wir möchten einige dieser Theorien kurz umreißen und damit einen Verständnishintergrund schaffen, der deutlich machen soll, daß Rückfälle nicht aus dem Nichts und nicht aus Abstinenzunwilligkeit entstehen, sondern aus psychischen und sozialen Ursachen, die auf den ersten Blick als solche häufig nicht zu erkennen sind. Bereits erste Einsichten über psychodynamisch-systemische Hintergründe der Sucht können Geduld und therapeutische Gelassenheit im Umgang mit Rückfälligen fördern – und das ist Ziel der folgenden Theorieausführungen. Für eine praktische Umsetzung dieses Theoriegebäudes in der konkreten Arbeit mit Süchtigen ist es notwendig, sich die Theorien differenzierter zu erarbeiten und ihre Umsetzung unter Supervision zu erlernen.

Aus *psychoanalytischer Sicht* gibt es eine ganze Reihe von Erklärungsansätzen für Alkoholismus (vgl. MERKEL, 1987; ROST, 1987; SCHLÜTER-DUPONT, 1990). An historisch erster

Stelle steht der *triebpsychologische Ansatz* zum Suchtgeschehen, wonach Alkohol dazu dient, Unlust zu verhindern und Lust zu maximieren (z.B. durch Enthemmung). Rost (1987) kritisiert mit Recht, daß Analytiker und »normal« Trinkende dazu neigten, AlkoholikerInnen eine ständige Genußsucht zuzuschreiben, während sich doch viele Süchtige durch eine ausgesprochene Genußunfähigkeit auszeichneten. Mit Ferenczi verweist er darauf, daß Alkoholiker sich mit Hilfe des Alkohols Lustbefriedigung verschaffen müßten, weil sie aus sich heraus zur Lustproduktion unfähig seien. Alkoholiker verleite also nicht eine übermäßige Triebhaftigkeit zum Trinken, sondern vielmehr die Unfähigkeit, auf andere Weise Lust und Befriedigung zu erleben.

An zweiter Stelle steht das *ich-(struktur-)psychologische Modell* der Sucht, nach dem die Droge, hier der Alkohol, (unbewußt) zur Kompensation eines Defekts in der Struktur der Persönlichkeit eingesetzt wird. Der Droge kommt damit Selbstheilungscharakter für ein in seiner Struktur geschwächtes Ich zu. Rost kritisiert an diesem Konzept seine Allgemeingültigkeit und Unwiderlegbarkeit. Auch eine Reihe anderer psychischer Erkrankungen könnten so erklärt werden, nicht geklärt werde aber, warum der eine zur Selbstheilung eine Droge, der andere ein neurotisches Symptom einsetze.

Das dritte psychoanalytische Suchtmodell, das *objektpsychologische*, stellt den Selbstzerstörungscharakter der Sucht in den Mittelpunkt. Glover kommt der Verdienst zu, als erster auf den mächtigen destruktiven Haß und Sadismus als die eigentlichen Triebkräfte der Sucht hingewiesen zu haben. Nach Simmel (zit. in ebd.) wird der Alkohol zum gehaßten Objekt, das auf oral-kannibalistischem Wege vernichtet werden muß. Durch das Trinken verschlinge der Süchtige das externalisierte Überich, für das die Mutter stehe, und bekämpfe damit gleichzeitig seine Schuldgefühle. Das Verbrechen und dessen Bestrafung seien für den Alkoholiker damit eins. Sei das Töten nicht mehr mittels Verschlingen möglich – nämlich in abstinenten Phasen – könne es zum realen Mord oder Selbstmord kommen. Rost weist in diesem Zusammenhang darauf hin, daß die Suizidalität bei chronischen Alkoholikern 12 bis 75mal höher als in der Gesamtbevölkerung sei; jeder zweite erfaßte Selbstmord werde von einem Alkoholabhängigen begangen.

Rost sieht für jedes dieser analytischen Konzepte einen Geltungsbereich. Wir vermuten, daß die objektpsychologische Betrachtungsweise für die in diesem Buch im Mittelpunkt der Betrachtung stehenden Rückfallpatienten die größte Relevanz hat, da hier meist die aggressiv-selbstdestruktive Wirkung des Trinkens unübersehbar im Vordergrund steht.

Bei der Betrachtung von möglichen Hintergründen süchtigen Verhaltens darf der Hinweis auf die protektive Wirkung des Alkohols als Schutz vor anderen, ggf. noch schlimmeren Erkrankungen, nicht fehlen. Insbesondere handelt es sich dabei um psychosomatische Erkrankungen, die nach Absetzen des Suchtmittels aufbrechen können. Für die Therapie ist wichtig zu wissen, daß nach Wegnahme des Suchtmittels häufig jahrzehntelang verschwundene organdestruktive Erkrankungen wieder ausbrechen.

Nach *verhaltenstheoretischem/-therapeutischem Verständnis* ist Alkoholismus (allgemein: Sucht) keine Krankheit, sondern ein erlerntes Verhalten wie anderes, nichtproblematisches Verhalten auch (vgl. z.B. Revenstorf & Metsch, 1986)[2]. In der Entstehung und Aufrechterhaltung der Abhängigkeit greifen nach diesem Verständnis eine Reihe von Bedingungen ineinander. Das sind zum einen die zunächst modellhaft (bei Eltern, Freunden oder Idolen) erlernten, später selbst erlebten und schließlich erwarteten positi-

---

2 Gleichwohl wird eine biologische Prädisposition für spezifische Alkoholwirkungen für möglich gehalten.

ven Wirkungen des Alkohols, wie sie etwa in Spannungsreduktion, Freisetzung blockierter aggressiver und sexueller Impulse, Selbstsicherheit bei sozialen Kontakten und Gefühlen sozialer Zugehörigkeit – um nur einige Wirkungen zu nennen – bestehen können (vgl. BROWN, 1985). Alkohol kommt dabei – mangels anderer Bewältigungsstrategien – die Rolle eines kurzfristig meist erfolgreichen, aber mit langfristig unangenehmen Konsequenzen versehenen Problemlösers zu. Im Stadium der (körperlichen) Abhängigkeit wird weiterer Alkoholkonsum dadurch »belohnt«, daß er eintretende Entzugserscheinungen unterbrechen kann. Sucht wie auch Rückfälle können damit als sozial negativ bewertete Hilfsmittel verstanden werden, die eingesetzt werden, wenn Belastungen als bedrohlich erlebt werden und anders nicht mehr bewältigbar erscheinen (vgl. ABRAMS, NIAURA, CAREY, MONTI & BINKOFF, 1986, S. 27).

Auch nach *systemisch-familientherapeutischer Sichtweise* ist Sucht nicht als Krankheit im herkömmlichen Sinne einzuordnen. Suchtverhalten dient vielmehr unter beziehungsdynamischem Aspekt dazu, Nähe, Distanz und Abgrenzungsverhalten so zu regulieren, daß keine bedrohlichen Beziehungskonflikte resultieren (vgl. SCHMIDT, 1992). So wird z.B. jemand, der in angetrunkenem Zustand ausfällig wird, nicht unbedingt selbst dafür verantwortlich gemacht, sondern stattdessen dem Alkohol ein Eigenleben als »Sündenbock« zugesprochen („wenn er nicht trinkt, ist er der beste Mensch"). Der »Herr Alkohol« stellt sozusagen ein weiteres Beziehungsmitglied dar, das verhindert, daß Verantwortlichkeiten direkt zugesprochen werden und offen auszutragende Konflikte zu einer Infragestellung der Beziehung führen könnten.

Bleibt zu ergänzen, daß auch *neurobiologische Ursachen* und Wirkmechanismen der Sucht diskutiert und in den letzten Jahren intensiv erforscht werden (vgl. ROMMELSPACHER, SCHMIDT & OTTO, 1991; Sucht 1992, 38 (2); SCHUCKIT, 1987).

Danach kommt es aufgrund genetisch bedingter, verhaltensbiologischer und biochemischer Prozesse dazu, daß ganz bestimmte Menschen eine besondere »Drogenaffinität« aufweisen (vgl. BÖNING, 1991).

Alle diese Erklärungsansätze des Alkoholismus haben nach gegenwärtiger Auffassung ihre Berechtigung und erklären einen je speziellen Teil des Phänomens – der eine Ansatz bei der einen Person mehr, bei der anderen weniger (vgl. FEUERLEIN, 1989; SCHLÜTER-DUPONT, 1990). Kein Ansatz kann einem Alleinerklärungsanspruch gerecht werden. Bei der Genese und Aufrechterhaltung von Süchten treten nämlich offenbar biologische, soziale und psychische Faktoren in komplexe Wechselwirkung miteinander, so daß einfache Ursache-Wirkungs-Modelle als nicht tragfähig gelten können.

Aus den vorausgegangenen Ausführungen läßt sich schließen, daß Alkoholabhängigkeit nicht auf Willensschwäche, Uneinsichtigkeit oder ein krankhaftes körperliches Verlangen nach Alkohol reduziert werden kann. Suchtverhalten ist vielmehr als sinnhaftes Verhalten anzusehen, da es trotz allen damit einhergehenden Leids Abstand von inneren und äußeren Konflikten verschafft und Defizite in der Persönlichkeitsstruktur zumindest zeitweise zu kompensieren vermag (vgl. auch MERKEL, 1987; WOHLFARTH, 1992). Damit ist zum Beispiel folgendes gemeint:

Es gibt eine Reihe von Alkoholabhängigen, die ständig das Gefühl haben, bei sozialen Zusammenkünften (Betriebsfeiern, Parties, Geburtstagsfesten, »Wirtshausgesprächen« usw.) in nüchternem Zustand keinen Zugang zu anderen Menschen finden und ihn schon gar nicht halten zu können. Ihre Erfahrung lehrt sie, daß ihnen erst der Alkoholeinfluß das Gefühl gibt, mit anderen gleichziehen zu können. In diesem Buch findet man viele Beispiele, bei denen dieser Faktor eine erhebliche Rolle spielt (ohne daß er an den entsprechenden Stellen gesondert hervorgehoben würde). Hemmungen, Minderwertigkeitsgefühle, Schüchternheit usw. können zunächst einmal in durchaus elegant scheinender und gesellschaftlich akzeptierter Weise durch Alkoholgebrauch überspielt werden, egal ob es sich dabei um die Vorbereitung der in Tanzstunden erforderlichen Rituale, die Überleitung einer trauten Zweisamkeit in eine sexuelle oder anderes mehr handelt.

Besonders deutlich und mit einer Fülle von Beispielen belegbar wird die Rolle des Alkohols bei Personen, die an einer Psychose leiden. Nicht wenige von ihnen greifen zu Alkohol, um zumindest vorübergehend bestimmte krankheitsbedingte Symptome (Ängstlichkeit, Unsicherheit, Wahnstimmungen) zurückzudrängen, aber auch, um die durch neuroleptische Behandlungen vorhandenen Nebenwirkungen tolerierbar zu machen (s. auch SCHWOON, KRAUSZ, 1992).

Diese Überlegungen legen nun folgerichtig nahe, daß Abstinenz für Süchtige „keinesfalls nur die Erlösung von dem quälenden Krankheitssymptom der Sucht bedeutet, sondern auch den schmerzhaften Verzicht auf eine Substanz, die eine wichtige Rolle bei der Regulierung von Affekten, der Abwehr von Kränkungen und der Aufrechterhaltung des Selbstwertgefühls gespielt hat“ (WOHLFARTH, 1992, S. 159). Rückfälle kann man deshalb nicht einfach als unsinnige Handlungen („er hat wider besseren Wissens getrunken“) abtun und moralisch abqualifizieren, denn sie erfüllen (meist nicht bewußt) eine wichtige psychische und/oder soziale Funktion für den Rückfälligen.

Ganz im Gegensatz zu dieser Erkenntnis sind selbst aufgeklärte Bevölkerungskreise bei der Frage nach charakteristischen Merkmalen von Alkoholabhängigen schnell mit charakterologischen Defiziten bei der Hand (vgl. dazu HARTEN, 1989; WIESER, 1968). Suchtverhalten gilt vielfach als Ausdruck von Haltlosigkeit, Charakterschwäche, Gleichgültigkeit und/oder Unwilligkeit („der will doch saufen“). Es wird häufig unterstellt, daß Alkoholabhängige schlecht (und nicht krank) seien und deshalb in moralisch verwerflicher Weise handelten. Alkoholabhängige verstößen gegen die guten Sitten und machten sich moralisch schuldig an den unter ihnen leidenden Angehörigen sowie der Gesellschaft.

Dieses vorherrschende Suchtverständnis der Willensschwäche findet man mit allen seinen Widersprüchen im übrigen in der professionellen Suchttheorie und Suchtbehandlung wieder (vgl. KÖRKEL, in Druck). WURMSER (1990) hat die Kritik am gängigen Alkoholismusverständnis in folgenden pointierten Formulierungen zu Papier gebracht: „[So] heißt es, es handle sich um eine Krankheitseinheit, die durch Kontrollverlust, also durch die Einbuße innerer Freiheit bis zu völliger Abhängigkeit und Hilflosigkeit, bestimmt sei. Doch dann wird im Handumdrehen von den Kranken verlangt, daß sie auf ihre krankhaften Handlungen und Haltungen willentlich verzichten, um allein so der Vorteile der angebotenen Behandlung teilhaftig werden zu können" (S. 765). Ganz in diesem Sinne kritisiert FINGARETTE (1988) das Denkmodell der Anonymen Alkoholiker, das er für logisch inkohärent hält: „Wenn das Leiden des Alkoholikers eine Krankheit ist, die eine Unfähigkeit verursacht, sich des Trinkens zu enthalten, wie kann dann ein Programm auf freiwilliger Abstinenz als Vorbedingung für die Behandlung bestehen?" (S. 74). FINGARETTE (a.a.O., S. 90) vertritt deshalb auch die Auffassung, daß im Falle der Anonymen Alkoholiker nicht von einer Behandlung gesprochen werden könne, sondern von einer neuen Lebensweise in einer emotional intensiv bindenden Gemeinschaft mit integrierenden Werten sowie machtvollen Symbolen und Ritualen. FINGARETTE plädiert dafür, sich von üblichen Denkschablonen über Alkoholabhängige zu verabschieden. „Anstatt ... einen unsichtbaren Zusammenbruch in der Maschinerie der Selbstkontrolle zu postulieren ... [und] schwere Trinker als die hilflosen Opfer einer Krankheit zu betrachten, sollten wir ihr Trinkverhalten als einen sinnhaften, wenngleich destruktiven Teil ihres Kampfes, ihr Leben zu leben, ansehen"

(S. 103; Übersetzung J.K. & G.K.). Diese Sichtweise entspricht der von uns eingenommenen und allen folgenden Ausführungen zugrundeliegenden Position, nach der Sucht und Rückfall psychische und soziale Funktionen erfüllen und nicht auf körperliche »Fehlschaltungen« oder moralische Entgleisungen reduziert werden können.

4 Die Abstinenz-Täuschung und ihre Folgen

Es erscheint paradox und stimmt nicht mit der Wirklichkeit der Suchtkrankentherapie überein, wenn so getan wird, als ob Abhängige nach einer Entgiftungsbehandlung und anschließender Entwöhnungstherapie »normalerweise« zu dauerhafter »Trockenheit« gelangten. Besonders in den administrativen Bereichen der Kosten- oder Leistungsträger scheint diese Auffassung jedoch weit verbreitet, obwohl man sogar aufgrund eigener Untersuchungen längst weiß, daß das Gegenteil der Fall ist: Rückfälligkeit ist selbst nach intensiver Behandlung wahrscheinlicher als Abstinenz! Bereits innerhalb von vier Jahren nach stationärer Therapie (auch »Entwöhnungsbehandlung« oder »Kur« genannt) hat mehr als die Hälfte der behandelten Alkoholabhängigen erneut Alkohol konsumiert (KÜFNER & FEUERLEIN, 1989; KÜFNER, FEUERLEIN & HUBER, 1988). Man tut so, als sei die Erfolgsprozedur »Entgiftung —> Entwöhnung —> Nachsorge/Selbsthilfegruppe —> Langzeitabstinenz« die Regel. Abhängige, die sich »daran nicht halten«, werden mit dem Makel des aus der Rolle gefallenen, haltschwachen Rückfälligen versehen.

Auch das Bundesarbeitsgericht folgt diesem Denkansatz: Der Alkoholabhängige, der eine Entwöhnungsbehandlung durchlaufen hat, gilt als gesund. Von ihm – so wird argumentiert – könne man verlangen, daß er sich aufgrund des »Behandlungsgewinns« vor dem Risiko der erneuten Abhängigkeit (des Rückfalls) angemessen schütze. Tut er das nicht, so sei das ihm – und nicht etwa seiner Krankheit oder einer unzureichenden Behandlung – anzulasten. Man geht davon aus, daß derjenige, der rückfällig wird, „selbst daran Schuld ist" und in gewisser Weise auch moralisch verwerflich handelt: Der rückfällige Arbeitnehmer verstoße gröblich gegen das von einem verständigen Menschen im eigenen Interesse zu erwartende Verhalten (er habe die „ihm erteilten dringenden Ratschläge mißachtet") und handele damit schuldhaft im Sinne des Entgeltfortzahlungsrechts bzw. des Kündigungsschutzgesetzes (Prinzip des Selbstverschuldens; vgl. FLECK & KÖRKEL, 1990; KÖRKEL in Druck).

Konträr zu dieser illusionären Einschätzung, daß nach vollzogener Behandlung die lebenslange Abstinenz der Normalfall sei, ist die Meinung der Bevölkerung, daß Abhängige grundsätzlich rückfällig werden und jede Mark für sie zum Fenster hinausgeworfen sei.

Beide Meinungen stehen u.E. in einer Wechselwirkung, denn erst überspannte Erwartungen lassen Rückfällige als besonders krasse Versager erscheinen (vgl. auch ANTONS - VOLMERG, 1989, S. 19). In Wirklichkeit können sich aber die Ergebnisse der Alkoholismustherapie durchaus mit einer Vielzahl anderer medizinischer, psychotherapeutischer und sozialtherapeutischer Behandlungsergebnisse messen. So fallen beispielsweise die Rückfallquoten bei Colitis Ulcerosa, Psychotherapie oder der sozialtherapeutischen Resozialisierung von Straftätern höher oder zumindest gleich hoch aus (vgl. z.B. EGG, 1991; HAMBRECHT, 1988). Nicht anders sieht es beim Vergleich mit anderen Süchten wie etwa dem Rauchen, dem »gestörten« Eßverhalten, der Heroinabhängigkeit oder dem Kokainismus aus (vgl. z.B. HALL, HAVASSY & WASSERMAN, 1991a; KELLER, HERZOG, LAVORI, OTT, BRADBURN & MAHONEY, 1989; MINNEKER, 1991).

Beispiel: „Im Durchschnitt bleiben 15-20% der Teilnehmer [von Raucherentwöhnungsprogrammen] bis zu einem Jahr nach der Entwöhnung abstinent, erfolgreichere Programme erreichen Abstinenzraten bis zu 40%“ (MINNEKER, 1991, S. 18).

Es ist in diesem Zusammenhang daran zu erinnern, daß bereits 1919 E. BLEULER in seiner Schrift *Das autistisch-undisziplinierte Denken in der Medizin und seine Überwindung* bemängelte, daß „die Medizin gar keinen richtigen prognostischen Ausdruck für die große Mehrzahl der Krankheiten geschaffen hat. Sie unterscheidet nur heilbare und unheilbare Krankheiten, das heißt der Form und Idee nach Krankheiten, die man heilen kann, und solche, die man nicht heilen kann. In Wirklichkeit konnten aber bis vor kurzem nur ganz wenige Krankheiten geheilt werden“ (S. 28).

Ganz im Sinne unserer Absicht, die Abstinenz als Ziel der Suchtkrankenbehandlung zu hinterfragen, muß auf eine weitere Merkwürdigkeit hingewiesen werden. Die Psychiatrie, die in ihren Lehrbüchern die Suchterkrankungen zu ihrer Domäne zählt, ist bei allen anderen Krankheitsbildern – mit wenigen Ausnahmen – im Hinblick auf ihre therapeutischen Ergebnisse bereits dann zufrieden, wenn jemand seltener hospitalisiert werden muß, wenn er im Wohnheim die Stellung hält, wenn Symptome (teilweise unter Inkaufnahme von langfristig eintretenden Spätschädigungen) durch Medikamente unterdrückt werden oder wenn ein weiteres Abrutschen auf der sozialen Stufenleiter verhindert wird. Ausgerechnet bei den chronisch verlaufenden Suchterkrankungen legt die Psychiatrie jedoch die therapeutische Erfolgsmeßlatte derartig hoch, daß selbst beachtliche individuelle Ergebnisse als Versagen verbucht werden.

Also: Wenn ein Patient der Psychiatrie erneut Angstanfälle erlebt, wird man untersuchen, wann und warum diese ausgelöst wurden, wenn ein anderer Patient zum wiederholten Male in eine Manie gerät, erklärt man das in aller Ruhe mit der Endogenität, und bei einem weiteren Patienten bringt man dessen Stimmenhören oder Verfolgungsgefühle mit seiner Vulnerabilität in Zusammenhang – nur beim Rückfall des Suchtkranken sieht man alle seine therapeutischen Bemühungen als vergeblich und den Rückfälligen als Versager an.

5 Festlegung realistischer Ziele für die Suchtbehandlung

Sehr hilfreich dafür, bei Suchtproblemen mit den Zielvorgaben „auf dem Teppich zu bleiben", sind zwei Konzepte, die sich ergänzen können: das Konzept des *„Herausreifens aus der Sucht"* (maturing out) und das Konzept der *Zielhierarchien* in der Suchtbehandlung (vgl. KÖRKEL, 1991d; in Druck; SCHWOON & KRAUSZ, 1990a). Das Denkmodell des Herausreifens oder »Herausdriftens« aus der Sucht will zum Ausdruck bringen, daß bei einem Teil der Süchtigen im Lebensvollzug psychische und soziale Veränderungen stattfinden, die das Suchtmittel meist unmerklich irgendwann »von alleine« überflüssig machen, ohne daß es bewußter Entscheidungen für die Abstinenz bedürfte (vgl. z.B. KLINGEMANN, 1988; SCHNEIDER, 1988). Das kann bedeuten: Bis zu diesem Zeitpunkt sind Beschleunigungen im Ausstieg kaum möglich, und von außen »aufgepfropfte« Abstinenzziele bleiben unerreicht. Dieses Verständnis des Herausreifens aus der Sucht kann zu mehr Gelassenheit im Umgang mit Süchtigen führen, insofern es bedeutet, daß das zunächst unrealistische Ziel der Abstinenz oder Mäßigung zu einem späteren Zeitpunkt durchaus zu erreichen ist. Derartige Remissionen ohne professionelle Behandlung sind für Alkoholabhängige (KLINGEMANN, 1988) ebenso wie für Konsumenten illegaler Drogen (SCHNEIDER, 1988) dokumentiert.

Das zweite Konzept, das der Zielhierarchie in der Suchtkrankenbehandlung, besagt, daß Langzeitabstinenz (nur) *ein*

Ziel unter anderen darstellt. Gerade bei Langzeitabhängigen sollte dauerhafte Abstinenz nicht unhinterfragt vorrangiges Behandlungsziel sein. Eine realistische Hierarchie, innerhalb derer Abstinenz *nicht das einzige* und auch *nicht das erste Ziel* darstellt, könnte in Erweiterung eines Vorschlages von SCHWOON & KRAUSZ (1990a, S. 5) folgendermaßen aussehen:

Abbildung 1: Zielhierarchie für die Behandlung von Alkoholmißbrauch und Alkoholabhängigkeit (aus KÖRKEL, 1991d)

In der Zielhierarchie wird vorgeschlagen, „bei Süchtigen es angesichts der hohen Sterblichkeit durch Unfälle, somatische Erkrankungen und Suizide die Sicherung des Überlebens" (a.a.O., S. 5) und sodann die Sicherung des möglichst gesunden Überlebens an den Ausgangspunkt aller Überlegungen und Behandlungsangebote zu setzen. Erst dann rückt die

Möglichkeit der Veränderung des Trinkverhaltens in den Mittelpunkt, und zwar möglicherweise erst einmal als Reduzierung der Trinkmenge/-exzesse, sofern ein Abstinenzwunsch (noch) nicht besteht. Erst bei sich ausbildender Abstinenzbereitschaft stellt die Abstinenz ein realistisches Ziel dar. Begleitend zu diesem Ziel ist die Basis für ein 'ausbalanciertes', erfüllendes und zufriedenes Leben zu erarbeiten, und es sind Hilfeleistungen bei Beeinträchtigungen seiner Beziehungspartner vorzusehen.

Insbesondere in der Entgiftungs- und Motivationsarbeit mit Süchtigen im psychiatrischen Krankenhaus ist zu bedenken, daß dauerhafte Abstinenz und zufriedene Lebensführung zu den Zielen gehören, die für eine nicht unerhebliche Reihe mehrfach geschädigter, chronischer Alkoholabhängiger äußerst unrealistisch sind. Realistisch erscheint vielmehr, diesem Personenkreis zunächst einmal ein menschenwürdiges (Über-)Leben zu ermöglichen. Dazu sollten grundlegende existenzsichernde Behandlungsangebote gehören, wie etwa Entgiftungen, die nicht mit dem Anspruch an Langzeitabstinenz einhergehen, Wohnheime, die konzeptuell darauf eingestellt sind, daß ihre Bewohner von Zeit zu Zeit rückfällig werden (ohne dann einzig und allein mit disziplinarischen Maßnahmen zu reagieren; vgl. als positives Beispiel Brenner, 1989), Notschlafplätze, Maßnahmen der unbürokratischen medizinischen Grundversorgung ohne Krankenschein, aufsuchende (Straßen-)Sozialarbeit u.a.m. Diese Angebote sollten zur Verfügung stehen, ohne deren Inanspruchnahme an Abstinenzgelübde zu knüpfen. „Es ist [nämlich] durchaus erfolgversprechend, durch immer wieder neue Entgiftungen möglichst viele suchtstoffreie Zeiten zu erreichen und in diesen Zeiten ein qualifiziertes Behandlungsangebot zur Verfügung zu haben“, stellt die Expertenkommission der Bundesregierung 1988 in ihrem Bericht fest (zit.n. Andritsch, 1989, S. 314). Dies schließt natürlich nicht aus, daß es im Sinne von Motivationsarbeit weitergehendes Ziel sein kann, bei den betroffenen Personen Bereitschaft hervorzurufen, Rückfälle nicht »auswachsen« zu lassen, sondern Hilfsangebote anzunehmen (siehe Kap. 14). Es hat sich nämlich gezeigt, daß Rückfälle zum Stillstand gebracht oder zumindest die Trinkmengen begrenzt werden können, wenn *alsbald* nach einem begonnenem Rückfall Unterstützung in Form von Gesprächen oder anderen Hilfen gesucht wird.

Wir plädieren damit für einen Ansatz in der Alkoholismusbehandlung, wie er unter der Bezeichnung »niedrigschwellig« seit vielen Jahren im Hilfesystem für Konsumenten illegaler Drogen bekannt ist und vielerorts praktiziert wird. Vieles spricht dafür, auch in der Behandlung der Alkoholabhängigkeit mit bescheideneren Ansprüchen und größerer therapeutischer Gelassenheit zu Werke zu gehen und sich die folgende Sichtweise zu eigen zu machen: „Statt der Alternative 'progrediente Erkrankung' versus 'Stillstand der Krankheit durch Abstinenz' stellt sich therapeutischen Institutionen die Aufgabe der langfristigen, sogar lebenslangen Begleitung in der Sucht" (SCHWOON & KRAUSZ 1990a, S. 5). Bescheidenere Ansprüche, aber eben *keine* Resignation, scheinen vor allem bei den Personen angebracht zu sein, die die »chronisch Alkoholabhängigen« oder »chronisch Depravierten« genannt werden.

6 Rückfall als Lebensform: Die Situation der chronisch Alkoholabhängigen

Wir haben in den vorherigen Abschnitten unter wechselnden Leitgedanken zu verdeutlichen versucht, daß Abstinenz nicht für alle Alkoholabhängigen zu jedem Zeitpunkt ihres Lebens ein erreichbares Ziel ist. Wie unmittelbar einleuchten dürfte, ist es vor allem für die schon seit vielen Jahren exzessiv alkoholabhängigen, sozial entwurzelten Personen utopisch, ein abstinentes Leben im Schnelldurchgang herbeiführen zu wollen. Viele dieser chronisch Alkoholabhängigen können sich, wenn sie sich selbst und den Therapeuten gegenüber ehrlich sind, ein »trockenes« Leben gar nicht mehr vorstellen. Gemeint sind hier diejenigen Patienten, bei denen der Alkohol bereits erhebliche hirnorganische Schädigungen hinterlassen hat, auch wenn diese nicht bis zum Korsakow-Syndrom fortgeschritten sind. Wenn man einen Patienten von früher kennt und seine jetzigen Fähigkeiten mit denen von früher vergleicht bzw. mit den Fähigkeiten, über die er früher, als er noch seinen Beruf ausübte, verfügt haben müßte, erkennt man, wie beträchtlich der Abbau ist. Auch in der Ausformung der Persönlichkeit wird es im allgemeinen zu deutlichen Nivellierungen gekommen sein.

Wenn diese Patienten zur stationären Wiederaufnahme kommen, geben sie – oft sehr zum Ärger der TherapeutInnen – an, *zu viel* getrunken zu haben. Jetzt wollten sie schnell entgiften und zukünftig endlich wahrmachen, was sie sich immer wieder vorgenommen hätten, nämlich *weniger* zu trinken. Die

Entgiftung verläuft dann aus medizinischer Sicht unterschiedlich, einmal problemlos, ein anderesmal mit einem Krampfanfall oder einem Delirium tremens. Wenn die Entgiftung abgeschlossen ist, hat der Patient in vielen Einrichtungen die Gelegenheit, an einer obligatorischen Motivationsgruppe teilzunehmen, welche die Bereitschaft zu einer weitergehenden Behandlungsmaßnahme – meist einer stationären Therapie – wecken soll. In diesen Gesprächsrunden sitzt er dann als langjährig Abhängiger, der durch seine fehlende Bereitschaft, sich mit sich selbst auseinanderzusetzen, die therapeutische Atmosphäre und den therapeutischen Prozeß blockiert, und zwar auch dann, wenn er sein persönliches Ziel nicht provokant vorträgt. Es entsteht oft der Eindruck, daß diese nicht Behandlungs- bzw. Abstinenzmotivierten mit ihrer resignativen, zum Teil destruktiven Grundeinstellung gegenüber Abstinenz und Therapie die anderen Patienten, die (noch) auf die Dauerabstinenzwirkung einer Langzeittherapie setzen bzw. zu setzen beginnen, »infizieren«.

Was soll mit einem solchen Patienten geschehen? Soll man ihn vor die Tür setzen, wenn er doch tatsächlich nur das einhält, was allgemeines therapeutisches Dogma ist, nämlich offen und ehrlich sich selbst und anderen gegenüber zu sein? Eine Antwort darauf ist schwierig und wird von Klinik zu Klinik und von Team zu Team unterschiedlich ausfallen. Sicher ist jedoch, daß eine Klinik mit einem Vollversorgungsauftrag für ihren Sektor völlig an den Erfordernissen und Gegebenheiten »vorbeitherapieren« würde, wenn sie nicht dieser Patientengruppe ein ihr entsprechendes Angebot machen würde, zumal andere stationäre Angebote in der Regel nicht zur Verfügung stehen. Folglich muß man sich auch auf diese Patienten einstellen. Erste Publikationen wenden sich diesen scheinbar hoffnungslosen oder »immer wiederkehrenden Patienten« zu (vgl. Andritsch, 1989; Schacke, 1991;

Schwoon & Krausz, 1990b; Sozialpsychiatrische Informationen 1991, 21 (2); Wohlfarth, 1991b; Wienberg, 1992).

Aber auch bei diesen Patienten gibt es sehr große Unterschiede in den Sucht- und Rückfallverläufen wie auch den Zielen, die realistisch erscheinen. Das demonstrieren die folgenden Beispiele.

Beispiel 1

Herr Z., ein jetzt 53jähriger früherer landwirtschaftlicher Gehilfe, hatte zunehmend mehr getrunken und wurde schließlich arbeitslos und geschieden. Die Kinder kamen wegen des kurz darauf eingetretenen Krebstodes der Frau in Heime, worauf er nur inadäquat amüsiert reagierte, bis er schließlich wegen Polyneuropathie und hirnorganischem Abbau selbst Pflegefall wurde und unter Vormundschaft kam. Nach drei Jahren erzwungener Abstinenz (z.B. wegen Gehunfähigkeit, abgelegener Lage des Heimes, Überwachung usw.) trat eine deutliche Besserung in allen Beziehungen ein, und er konnte sich mit einigem Glück sogar wieder eine eigene Wohnung besorgen. Dort lebte er noch ein halbes Jahr »trocken«.

Seit zwei Jahren spricht er erneut dem Alkohol zu, bei guter Finanzlage in nicht unerheblichem Ausmaß. Ein Problembewußtsein ist praktisch nicht oder nur kurzfristig zu wecken. Er lebt in den Tag hinein, erfreut sich hier und da an oberflächlichen Kontakten und wird durch seinen Vormund, der ihm streng und autoritär das Geld zuteilt, vor dem völligen »Absturz« bewahrt. Auf diese Weise wird es vermutlich noch einige Zeit weitergehen.

Beispiel 2

Einer der Autoren kennt diesen Patienten seit ca. 15 Jahren. Er stammt aus einer sozial schlecht gestellten Familie mit einer Vielzahl von Kindern, überwiegend Söhnen. Der Betreffende war in seiner Jugend Anführer dieser »Familiengang«, die sich zum Schrecken des Stadtviertels entwickelte, ohne daß jedoch im engeren Sinne schwere Kriminalität vorkam. Natürlich gehörte seinerzeit auch ein nicht unerheblicher Bierkonsum zu den vorzeigenswerten Attitüden dieser Gruppierung. Durch günstige Einflüsse gelang es den jüngeren Geschwistern, den Absprung vom übermäßigen Alkoholkonsum zu finden, während unser Beispielpatient, der Anführer, die geringere Anzahl seiner Gefolg-

schaft mit erhöhtem Alkoholgebrauch wettmachte. Der zunehmende Konsum und die Abnahme jedweder anderen Beschäftigung führten dann zu immer häufigeren Klinikaufenthalten.
Durch die körperlichen Folgeschädigungen bedingt, wirkt der jetzt 33jährige Mann auf den ersten Blick wie ein über 60jähriger. Zu seinem eigenen Schutz muß er immer langfristiger in der Klinik verweilen, kurzfristig wird er ab und an zu einer Freundin entlassen, die ihn noch aus früheren Zeiten kennt und offenbar nicht bemerkt hat, daß das Heldenhafte der Vorzeit der körperlich-geistigen Hinfälligkeit derartig Platz gemacht hat, daß lediglich der exzessive Spirituosenkonsum für begrenzte Zeit beeindrucken kann.

Mit diesem Patienten ist jedwede therapeutische Arbeit ausgeschlossen, so hat es zumindest den Anschein. Eine längerfristige Entwöhnungsbehandlung kommt aus seiner Sicht wie auch der der TherapeutInnen nicht in Betracht. Das einzige, was er sich vorstellen kann, nachdem er inzwischen seine körperliche Hinfälligkeit selber bemerkt hat, ist die Aufnahme in ein Wohnheim. Davon ist bisher allerdings immer nur die Rede, die von ihm erwartete praktische Umsetzung bleibt bislang aus. Er selbst hat keine Erwartungen mehr an das Leben und sieht im Grunde seinem Ende entgegen.

Beispiel 3
macht anhand einer einzigen Person deutlich, welch verschlungene Verläufe Sucht und Rückfälle nehmen können.
Es handelt sich um einen besonderen Fall, denn zum einen geht es um einen inzwischen als Autor hervorgetretenen Alkohol- und Medikamentenabhängigen, und zum anderen gehört er zu dem in diesem Kapitel auch angesprochenen Personenkreis, dem es gelungen ist, über einen längeren Zeitraum »trocken« zu bleiben. Günter BOLTEN (1990) stellt dies in seinem Buch mit dem Untertitel '*Zwanzig Jahre in den Klauen von Alkohol und Tabletten*' dar. Das Faszinierende ist, daß es ihm nach diesen Jahren überhaupt wieder gelingen konnte, zur Feder zu greifen. Es grenzt an ein Wunder, daß er noch unter den Lebenden weilt oder nicht wenigstens auf einer Pflegestation sein Dasein fristet. BOLTEN hatte sich durch seine süchtigen Verhaltensweisen aber auch gar nichts

erspart. Beginnend mit Scheidung, Kündigung, Berentung, Zwangseinweisungen, Entmündigung, vormundschaftlichen Unterbringungen und solchen im Maßregelvollzug, kam es über verschiedene körperliche Erkrankungen und cerebrale Krampfanfälle zu intracerebralen operationsbedürftigen Blutungen. BOLTENS Schilderungen läßt sich entnehmen, daß er sicher zu den Patienten gehörte, die jeden, aber auch jeden Therapeuten zur Verzweiflung treiben, wenn das Therapieziel allein die »Trockenheit« ist.
Inzwischen lebt er allerdings seit mehr als fünf Jahren alkohol- und medikamentenfrei. Sein Buch endet mit der Bemerkung: „Vielleicht schaffe ich es noch eine Weile." Ohne den letzten Satz überinterpretieren zu wollen, kann man aus ihm die Regel der Anonymen Alkoholiker, sich nur kurzfristige Perspektiven im Hinblick auf die Abstinenz zu setzen, aber auch einen Moment des unfrohen Durchhaltenmüssens, herauslesen.

Beispiel 4

Im vierten Beispiel geht es um eine erheblich vorgealtert aussehende, 48jährige Frau, die früher als Serviererin tätig war, zuletzt vor 20 Jahren in einer Hafenkantine. Während der letzten sieben Jahre ist sie unzählige Male akut in die Klinik eingewiesen worden. Einmal lag ein Delirium tremens, ein anderes Mal ein Krampfanfall, dann ein Vollrausch als Einweisungsgrund vor. Eine intracerebrale Blutung unklarer Ursache hatte zudem neurochirurgische Interventionen erforderlich gemacht. Insgesamt war es zu deutlichen Abbauerscheinungen gekommen.
Sie konnte sich jedoch durchgehend – wie auch die TherapeutInnen – auf ihr rheinisch-fröhliches Naturell verlassen, was oft unangemessen wirkte angesichts ihres Gesamtzustandes, andererseits aber hilfreich war, ihre desolate Lage zu ertragen. Gleichzeitig konnte sie deshalb aber auch nur begrenzt den nötigen Ernst für eine und einer Entwöhnungstherapie aufbringen.
Nach den in der üblichen Terminologie wohl als gescheitert zu bezeichnenden stationären Behandlungsanläufen blieb sie jedoch immer über einen begrenzten Zeitraum »trocken«, lebte in einer sozial wie geistig schlichten und überwiegend heiteren Umgebung und blieb gewissermaßen ein liebenswürdiges Original.
Es bleibt nachzutragen, daß sie während der Abschlußarbeiten dieses

Buches so verstorben ist, wie sie und andere es erwartet hatten: nachdem sie mehrere Tage durchgefeiert hatte, fiel sie vom Barhocker und starb an der eingetretenen Hirnblutung.

Bereits die wenigen zuvor angeführten Beispiele lassen einige Schlußfolgerungen zum Thema „Rückfall und chronische Alkoholabhängigkeit" zu. Entgegen manchen Vorurteilen lassen sich allein aufgrund der Tatsache, daß jemand als »chronisch alkoholabhängig« zu bezeichnen ist, keine treffsicheren Folgerungen über den weiteren Verlauf des Trinkverhaltens oder die (Un)Zufriedenheit mit dem eigenen Zustand ziehen. Das wurde auch von anderen Praktikern in diesem Bereich resümiert:

„Nach meinen Erfahrungen zeigt sich, daß 'Endzustände' auch eine positive Entwicklung durchmachen können und so vom Heim aus einen Platz in der Gemeinde wiederfinden können. ... Mit der Festschreibung eines 'Endzustandes' sollte man vorsichtig sein. Falsch wäre es aber auch, die Tatsache, daß es 'Endzustände' gibt, zu ignorieren und durch zu forsche therapeutische Maßnahmen den Kranken und sich selbst zu frustrieren" (ANDRITSCH, 1989, S. 315).

Auch was für diesen Personenkreis als Behandlungsangebot angezeigt ist, läßt sich nicht pauschal festlegen, sondern muß individuell geprüft und vereinbart werden. Was aber auf jeden Fall deutlich sein sollte, ist die Tatsache, daß man gelegentlich nur per Zwangsunterbringung die Abstinenz erzwingen kann, und daß man mit der Wegnahme des Alkohols vorübergehend auch ein Stück Lebensqualität entziehen kann – so makaber sich dies zunächst auch anhören mag. Abstinenz muß nicht das Erstrebenswerte für jeden chronisch Alkoholabhängigen sein!

7 Ohne Rückfälle geht es nicht – oder doch?

Wir haben in den vorangegangenen Abschnitten dafür plädiert, Abstinenz nicht als *den* Gradmesser schlechthin für den Erfolg einer Suchtbehandlung zu betrachten und alle anderen Ergebnisse zu entwerten. Auch die »nackten Zahlen« belehren uns eines Besseren, wenn es um die überzogene Einschätzung von Behandlungsergebnissen geht. Statistisch betrachtet, haben nämlich – wie bereits erwähnt – im Laufe von vier Jahren nach Beendigung einer in bundesdeutschen psychiatrischen Kliniken oder Suchtfachkliniken durchgeführten stationären Therapie mehr als 54% der Alkoholabhängigen erneut Alkohol konsumiert (KÜFNER u.a., 1988). Rückfälle sind also für mehr als die Hälfte der Alkoholabhängigen bereits innerhalb von vier Jahren nach einer Behandlung Realität. Geschlechtsspezifisch betrachtet, haben 1½ Jahre nach Therapieende bereits 53% der Alkoholikerinnen Rückfallerfahrungen gesammelt, während von den Männern erst vier Jahre nach Therapieende in etwa so viele (nämlich 51%) rückfällig sind. Frauen werden also schneller rückfällig als Männer. Die Statistiken zeigen somit, daß es auch nach intensiver stationärer Behandlung bei vielen Abhängigen zu Rückfällen kommt. Das heißt natürlich nicht, daß Rückfälle in Art eines Naturgesetzes auftreten müßten. Es heißt lediglich, daß man sich bei realistischer Einschätzung darauf einstellen sollte!

Wenig profunde Aussagen sind übrigens zu der naheliegenden Vermutung möglich, daß es nach ausschließlich körperlicher Entgiftung ohne weitergehende Behandlung noch wesentlich rascher und häufiger zu Rückfällen kommt. Das folgende Beispiel macht deutlich, daß es auch durch reine Entgiftungsbehandlungen zu erstaunlichen Fortschritten kommen kann:

Es handelt sich um einen 45-jährigen, alleinstehenden alkoholabhängigen Patienten, der sich nichts sehnlicher wünscht als eine Freundin. In der Klinik hat er bereits mehrere Entgiftungen durchlaufen, ohne je in einer Entwöhnungstherapie gewesen zu sein. Er ist mittlerweile arbeitslos und intellektuell »abgebaut«. Ihm gelingt das längerfristige »Trokkensein« (mit Unterbrechungen) offenbar dadurch, daß er in der Klinik bestimmten MitarbeiterInnen in einer Art von Zutraulichkeit eine Aufsichtsermächtigung zubilligt. Diese führt dazu, daß er sich mehrfach in der Woche im Cafeteriabereich aufhält. Dort stößt er auf die besagten MitarbeiterInnen, die ein kurzes Wort mit ihm wechseln und des Lobes über seine auch heutige Nüchternheit voll sind. Kurze Gespräche führt er auch mit denjenigen Mitarbeitern, die einmal in der Woche an einer Fußballgruppe teilnehmen, zu der der Betreffende als externer Gast dazustößt. Hier beeindruckt er als »Mädchen für alles«, d.h. durch seine Bereitschaft, unbeliebte Positionen (z.B. Torwart) zu übernehmen, den Ball wiederzuholen usw., und erntet dadurch die notwendige Anerkennung, die ihm offenbar ausreicht, bis zum nächsten Kontakt »trocken« zu bleiben.

8 Krampfhafte Trockenheit

Unzweifelhaft richtig ist, daß für viele Alkoholabhängige der Eintritt der Abstinenz einen merklichen Gewinn bedeutet. Sie erleben in der Familie und am Arbeitsplatz Unterstützung statt Anfeindungen, genießen neue und wiedergewonnene alte Freizeitaktivitäten, sind stolz auf den Abbau der angesammelten Schulden usw. In diesem Sinne wird oftmals betont, daß Abstinenz Voraussetzung, wenngleich nicht schon Garant, eines besseren Lebens ist (z.B. Klement, 1992). Dieser Würdigung der Abstinenz können wir uns im großen und ganzen anschließen.

Allerdings kann die »Trockenheit« in manchen Fällen durchaus ein hoher Preis sein für das, was man sich damit eingehandelt hat:

Der Sozialpsychiatrische Dienst wird von Hausbewohnern (nicht etwa von der Ehefrau) in die 16. Etage eines hannoverschen Hochhauses gerufen, um einen Alkoholabhängigen gemäß PsychKG zwangseinzuweisen, nachdem er u.a. einmal die Öffnung des Etagenmüllschluckers mit einer Tür verwechselt hatte und im Müll-Container, der im Keller stand, nach einem Abfallbombardement der anderen Hausbewohner unversehrt wieder erwachte.
Nach dem Klingeln an der Wohnungstür wird höflich geöffnet. Zitternd, da früh am Morgen und unalkoholisiert, bietet der Mann den ungebetenen Besuchern einen Platz in der von der Ehefrau sauber gehaltenen Wohnung an. Im Gespräch zeigt der Betreffende keine Bereitschaft, von sich aus eine Klinik aufzusuchen, und mangels akut

vorliegender Voraussetzungen zur Unterbringung gegen seinen Willen verabschiedet man sich, nicht ohne vorher die Bitte geäußert zu haben, wegen der ungewöhnlichen Aussicht doch einmal den Balkon betreten zu dürfen. Abgesehen von den Schwierigkeiten, diesen wegen der dort gelagerten Bierkästen begehen zu können, wird die Bitte nicht nur erfüllt, sondern es werden darüberhinaus den Besuchern freudig die Sehenswürdigkeiten erklärt, allerdings nicht diejenigen, die man hätte erwarten können (auch Hannover verfügt über einige), sondern die fünf hannoverschen Brauereien, für eine mußte man sich sogar schon recht weit vorlehnen.
Kurze Zeit darauf trat dieser Patient von sich aus eine mehrmonatige Entwöhnungsbehandlung an, war einige Wochen danach »trocken« und wurde dann, nüchtern, auf dem Zebrastreifen vor seinem Hause zu Tode gefahren, den er jahrelang zuvor nur betrunken benutzt hatte.
Aus unserer Sicht war in diesem Gesamtgeschehen die Rolle der Ehefrau auffallend, die ja weder für sich um Hilfe nachgesucht hatte, noch jemals aktiv geworden war, damit ihr Mann unter Zuhilfenahme einer Entwöhnungstherapie »trocken« geworden wäre. Später schien sie das Ergebnis der Behandlung in keiner Weise zu würdigen. Sie lebte – wie bereits zuvor in den »nassen Zeiten« des Ehemannes - ihr eigenes Leben, man litt aneinander vorbei. Die berufliche Situation des Mannes hatte sich nicht gebessert, er war weiterhin arbeitslos. Beim Ehemann kam es immer häufiger zu der ernüchternden Feststellung, daß es mit seiner abstinenten Lebensweise nurmehr zu weiterer und deutlicher erlebter Trostlosigkeit gekommen war.

Nicht jeder Suchtkranke kann allein durch den täglichen Sieg über die Sucht ein so positives Selbstwertgefühl entwickeln, wie wir es von vielen hören, die »einfach« dadurch beflügelt werden, weiterhin »trocken« zu bleiben. Bei manchen bedeutet »Trockenheit«, durchlaufend die Tage zu zählen, die sie schon abstinent gelebt haben. Wenn man von einem Suchtkranken erfährt, daß er beispielsweise seit 465 Tagen ohne Alkohol lebt, dann kann man sich bereits unschwer vorstellen, welch hartes Los diese Zeit für ihn bedeutete, zählt man doch üblicherweise nur die unangenehmen Tage im Leben also die noch ausstehenden Bundeswehrtage oder die restliche Haftzeit.

Aber auch ohne das Addieren »trockener« Tage kann diese Zeit furchtbar sein, und zwar nicht wegen der vielen Versuchungen, denen man zu widerstehen hätte (so wie Odysseus den Sirenen nur durch die eigene Fesselung und die »Ohrenbetäubung« seiner Kameraden entgehen konnte), sondern weil manche Alkoholabhängigen Sinnesgenüssen aller Art ohne Alkohol überhaupt nicht aufgeschlossen sind. Sie nehmen am sozialen Leben nicht oder nur passiv teil, leben kärglich und isoliert vor sich hin und haben sich nicht nur gegen den Alkohol, sondern auch gegen die restliche Welt abgekapselt. Sie sind abgeschnitten, auf sich selbst zurückgeworfen und vegetieren verpuppt einer besseren Zeit entgegen.

Mancher registriert diesen Zustand gar nicht als unbefriedigend, andere merken, welch »trocken-staubiges«, buchhalterisches Leben für sie begonnen hat, andere stellen deutlich ihre Unzufriedenheit fest, bemerken, daß sie mürrisch, unfroh, reizbar, interesselos oder aggressiv sind. Wieder andere erfahren von ihren Angehörigen oder Berufskollegen, daß sie – im Gegensatz zur überwiegenden Zahl der Abstinenten – *nüchtern* unausstehlich sind.

Das ganze Abstinenzgebaren kann zum Krampf und zum Selbstzweck mit günstigenfalls lebensverlängernder Wirkung geraten. Aber auch daran melden die Autoren Zweifel an, denn aller Erfahrung nach ist nicht auszuschließen, daß sich nach Erreichen der Abstinenz nun andere Krankheiten, beispielsweise psychosomatischer Natur, Bahn brechen. Davon wird in den folgenden Beispielen berichtet.

Beispiel 1

Bei Frau R. erfolgte 1966 eine mehrwöchige stationäre psychiatrisch-psychotherapeutische Behandlung. Die Entlassungsdiagnose lautete: Psychogener Ausnahmezustand und depressive Verstimmung bei psychisch und vegetativ labiler Persönlichkeit.

Achtzehn Jahre später wurde unter dem Bild eines Delirium tremens

nach Krampfanfall eine Wiederaufnahme nötig. In der Anamnese ergab sich, daß Frau R. seit ca. 17 Jahren erheblichen Tranquilizer- und Alkoholkonsum betrieb. Nach einer 14tägigen medizinischen Entgiftungsbehandlung wurde sie wunschgemäß entlassen, ohne daß sie irgendeine Art der Nachsorge (beispielsweise in Form von Selbsthilfegruppenbesuchen) beabsichtigte. Von seiten der TherapeutInnen wurde nicht nur deshalb mit einer baldigen Wiederaufnahme gerechnet, sondern auch, weil im Grunde der Tranquilizerentzug und die erforderliche gedanklich-psychische Umstellung auf ihre neue Lebenssituation noch gar nicht erfolgt waren. Wider alle Erwartungen mußte diese Frau aber nicht erneut aufgenommen werden.
Wir erhielten acht Jahre später Kontakt zu ihr durch einen Gutachtenauftrag im Rahmen eines sozialgerichtlichen Prozesses wegen Erwerbsunfähigkeit. Die Vorgutachter, ein Internist und ein Orthopäde, hatten wegen der in ihren Fachbereichen geklagten Beschwerden die Voraussetzungen für eine Berentung als nicht erfüllt angesehen. Aufgefallen war ihnen hingegen das freudlos-depressiv wirkende Wesen der Frau. Uns berichtete Frau R. zwischenanamnestisch, zwei Jahre nach der Entgiftung einen ambulant tätigen Psychotherapeuten aufgesucht zu haben, weil sie trotz (oder wegen?) durchgehender Abstinenz keinerlei Freude mehr am Leben gefunden habe, gewissermaßen notgedrungen das Kreuz der Abstinenz ge- und ertragen habe – ohne jede Genugtuung darüber, einfach nur, weil es nötig gewesen sei. Rational habe sie die Notwendigkeit eingesehen. Ein sinnvolles Leben habe sie nicht geführt, habe praktisch vor sich hinvegetiert und keinerlei Genuß oder gar Freude empfinden können. Der Therapeut sei vielleicht für sie wichtig gewesen, aber ihre Grundbefindlichkeit hätte sich unter der Therapie nicht gebessert. Hinzugetreten seien sogar noch eine hartnäckige Schlafstörung und eine Reihe körperlicher Beschwerden, die wir, das nur am Rande, als psychosomatisch bedingt ansahen.
Bei der Untersuchung imponierte im psychischen Bereich die reduzierte, fast maskenhafte Mimik, die drastische Einengung der affektiven Schwingungsbreite und eine leichte Beeinträchtigung der Hirnleistungsfähigkeit. Unwillkürlich fragten sich die Untersucher, warum Frau R. so lange bzw. überhaupt ohne Rückfall geblieben war, statt sich sozusagen Alkohol als Medizin zu verabreichen und auf diesem Wege ihre chronische Dysphorie zu »behandeln« (»pharmakothyme Steuerung«, RADO, 1934).

Beispiel 2

Ein anderes Beispiel »krampfhafter Trockenheit« ohne jeden Lebensqualitätsgewinn bietet Herr M.. Aus einer autoritären, vaterdominierten Familie stammend, hatte er mit 21 Jahren bereits seine erste Entwöhnungsbehandlung hinter sich. Der drohenden Entmündigung entzog er sich durch die Fremdenlegion, wo er unter entsprechend eisernen und lebensbedrohenden Disziplinarsituationen »trocken« blieb, um sofort, kaum nach Hause zurückgekehrt – noch mit einem gewissen Stolz auf seine hinter ihm liegenden »trockenen« und mannhaften Jahre – dramatisch rückfällig zu werden. Daraus folgten mehrere langfristige vormundschaftliche Unterbringungen. Unter der Betreuung durch einen wohlmeinenden Vormund sei es zu zwei Jahren Abstinenz gekommen. Die folgende Zeit war von Turbulenzen und einer rapiden Verschlechterung seiner Lage bestimmt: erneute Rückfälligkeit und erstmals Straffälligkeit, Haft, Obdachlosigkeit, innerhalb von vier Jahren 20 Einweisungen wegen Volltrunkenheit oder schwerer Entzugserscheinungen.

Seit vier Jahren hat die Trinkvehemenz offenbar abgenommen, längere Phasen von Abstinenz sind festzustellen. Diese halte er nur aus Angst vor dem Tode ein, andere Gründe dafür gebe es nicht, berichtet er. Andererseits habe er von dieser Art »trockenen Lebens« so gut wie gar nichts. Er lebe, finanziert durch Sozialhilfe, planlos in den Tag hinein, sei, wenn er nicht trinke, traurig zurückgezogen, habe keinerlei Kontakte, fühle sich nicht wohl und alles schleppe sich so hin. Er leide darunter, keine Freunde, keine Familie und keine Aussicht auf Arbeit zu haben. Je nachdem, wie lange er diesen Zustand depressiver Gestimmheit und Aussichtlosigkeit aushalten könne, bleibe er »trocken«. Wenn es dann soweit sei – die längste Zeit dieses Durchhaltens betrug bisher 16 Monate – schlage er den Kragen hoch, gehe los und lasse sich vollaufen. Wenigstens in den ersten beiden Tagen habe er dann den Eindruck, daß er Anschluß an das Lebensvermögen anderer erhalte, daß er eine Ahnung davon empfinde, wie es anderen Leuten normalerweise gehe.

Das »Joch der Abstinenz« kann sich auch im bedrückenden Zusammenleben aller Familienmitglieder niederschlagen:

Oft „erstarrt ... das ganze Familienleben in rigide praktizierten Alltagsritualen. Das belebende regressive und an lockerem Lebensfluß orientierte Element, das früher über das Suchtmittel (und nichts anderes) in die Familie kam, geht den Beteiligten nun verloren. Der Austausch beschränkt sich auf das Besprechen von Alltagspflichten oder auf öde, manchmal endlos anmutende Deklamationen darüber, wie die 'richtige' Lebensführung für die ganze Familie zu sein hat. In solchen Familien fällt das massiv subdepressive oder offen depressive Klima auf, häufig kombiniert mit heftigen unterschwelligen Spannungen. Es kommt hier auch gehäuft zu multiplen psychosomatischen Erkrankungen (nach Eindruck vieler Kliniker vermehrt Krebserkrankungen) bei verschiedenen Familienmitgliedern" (SCHMIDT, 1992, S. 189).

Die vorherigen Ausführungen und Beispiele demonstrieren, daß Abstinenz nicht der Gradmesser schlechthin für den Erfolg einer Behandlung sein kann. Frau R. (Beispiel 1) und Herr M. (Beispiel 2) trinken zwar phasenweise keinen Alkohol mehr, doch genau in diesen Phasen ist ihr Leben starr, es trocknet sprichwörtlich geradezu aus. Die »Trockenheit« wird mit einer erstickenden, bedrückenden Stimmungslage gebüßt.

Gewiß, das heißt nicht, daß der Rückgriff auf den Alkohol »die Lösung« bedeutete. Natürlich – so werden manche nun hinzufügen – der erste Schritt einer Lösung wird im Erreichen der Abstinenz bestehen müssen (in allen Beispielen ist dies gelungen), der zweite läge in der langsamen Reduzierung/Beseitigung psychischer, physischer, sozialer und ökonomischer Probleme mit dem Ziel der »zufriedenen Nüchternheit« (KLEMENT, 1992). In der Tat: bei einem Teil der Abhängigen, der u.a. in einer seinen Lebensvorstellungen und Werthaltungen gemäßen Selbsthilfegruppe aufgeht, mag sich dies so entwickeln. Bei anderen Alkoholabhängigen stellt sich die »zufriedene Nüchternheit« keineswegs leicht, schon gar nicht von selbst und bei manchen offenbar überhaupt nicht ein. Das mag vor allem daran liegen, daß ihr Leben mit weitergehenden, nicht so einfach oder überhaupt nicht beseitigbaren psychischen und sozialen Problemen behaftet ist (man denke dabei nur an die sogenannten »frühen«, also schweren Störungen). Hier stellt sich also partout nicht das zufriedene Leben, das theoretisch doch so leicht möglich erscheint, ein. Ist für diese Gruppe der Alkoholabhängigen also doch die Nutzung des Alkohols im Sinne einer Selbstmedikation »die Lösung«? Auf diese Frage gibt es u.A.n. keine einfache, eindeutige Antwort. Möglicherweise gibt es keine allgemeine Lösung, sondern nur eine, die jeder in sehr existentieller Hinsicht selbst herausfinden muß:

„Einmal, im Orient, unterhielt ich mich mit einem Weisen, dessen klare und freundliche Augen für immer einen ewigen Sonnenuntergang anzustarren schienen, über den Selbstmord. 'Sterben ist keine Lösung', versicherte er mir. 'Und leben?', fragte ich. 'Leben auch nicht', gab er zu. 'Aber wer sagt denn, daß es eine Lösung gibt?'" (Wiesel, 1970, zit.i. KOPP, 1979, S. 170).

9 Es gibt nicht »den« Rückfall[3]

Nach diesem Exkurs in die »zermürbende Abstinenz« wenden wir uns wieder dem Rückfall zu. Wir haben bereits darauf hingewiesen und durch Beispiele deutlich gemacht, daß sich unter dem Sucht- bzw. Abhängigkeitsbegriff sehr unterschiedliche Phänomene verbergen. Nicht anders sieht es bei Rückfällen aus. *Den* Rückfall gibt es genau genommen gar nicht, das haben bereits die zuvor dargestellten Beispiele deutlich gemacht.

Der eine Alkoholabhängige lebt über ein halbes Jahr hinweg unter großem inneren Druck »trocken« und ist unzufrieden, bis ihm in einer von außen betrachtet belanglosen Situation »der Kragen platzt« und er von da an fast täglich bis zum Exzeß trinkt. Der zweite setzt direkt nach der Klinikentlassung in resignativ getönter Weise seinen bisherigen Alkoholkonsum fort, ohne sich neue Ziele im Umgang mit Alkohol zu eigen gemacht zu haben. Ein dritter stößt während eines besonderen Ereignisses (z.B. Silvester) mit einem Glas Sekt an, ohne den Konsum nach diesem Ereignis fortzusetzen. Usw.

---

3 Teile der Kapitel 9–11 und 14–15 sind entnommen aus KÖRKEL, J. (1991): Grundlegende Ergebnisse und Überlegungen für ein neues Verständnis von Rückfällen. In J. KÖRKEL (Hrsg.), Praxis der Rückfallbehandlung. Ein Leitfaden für Berater, Therapeuten und ehrenamtliche Helfer. Wuppertal: Blaukreuz.

Diese und andere Beispiele lassen sich systematisch zu folgenden Rückfallarten zusammenfassen:

Es gibt „*schwere Rückfälle*" (alternative Begriffe: »massive«, »ausgewachsene« oder »anhaltende Rückfälle«), bei denen es nicht beim »ersten Glas« bleibt. Der Rückfällige trinkt vielmehr wie in alten Zeiten, es kommt zu körperlichen Entzugserscheinungen (morgendliches Trinken, Zittern, Schweißausbrüche, Schlafbeschwerden usw.) und in der Regel auch zu sozialen Schwierigkeiten in der Familie, dem Freundeskreis und/oder am Arbeitsplatz. Bei der längerfristigen Betrachtung von Suchtverläufen (d.h. von mindestens vier Jahren nach einer Therapie) scheinen schwere Rückfälle bei mindestens der Hälfte aller Behandelten aufzutreten (vgl. KÜFNER u.a., 1988).

Es gibt zweitens „*episodische*" *bzw.* „*kurzzeitige Rückfälle*" (auch »Ausrutscher« oder »Fehltritte« genannt), bei denen es beim Anfangsstadium des Wiedertrinkens bleibt. Dem Alkohol wird nicht in dem Ausmaß wie früher zugesprochen, das »erste Glas« führt nicht zum unbändigen Verlangen nach mehr Alkohol und folglich auch nicht zu Trunkenheit und Entzugserscheinungen. Offenbar kommt es häufig nicht zu einer Eskalation von Ausrutschern. Es ist vielmehr so, daß viele Ausrutscher bereits nach kurzer Zeit wieder enden. Nicht jeder Ausrutscher führt zu Symptomen körperlicher Abhängigkeit. Nicht jeder Ausrutscher führt zu einer Beeinträchtigung des Lebensalltags (z.B. zu Schwierigkeiten im familiären Zusammenleben oder am Arbeitsplatz). Mit anderen Worten: Der Beginn des erneuten Trinkens muß nicht im endgültigen Zusammenbruch enden.

Drittens gibt es *fließende Übergänge zwischen mäßigem oder episodischem Trinken (ohne Kontrollverlust) und schwerer Rückfälligkeit*. So beginnen manche Alkoholabhängige bereits kurz nach einer Entgiftung oder Therapie wieder zu trinken, und zwar zunächst nur in größeren Abständen und in geringer Dosis, was über Monate hinweg ohne gravierende

Folgen bleiben kann. In Zusammenhang mit Selbstüberschätzungen oder dem Auftreten einer schwierigen Lebenssituation (z.B. einer Trennung) kann es wieder zum schweren Trinken „wie in alten Zeiten“ kommen.

Viertens gibt es *„systemische Rückfälle“*, die deutlich machen, daß das Trinkverhalten nicht zuletzt durch die Art der sozialen Beziehungen gesteuert wird, und daß es häufig nicht ausreicht, einfach den Alkohol wegzulassen. Manche Abhängigen trinken zwar keinen Alkohol mehr, aber das familiäre Zusammenleben wird gleichzeitig starr und „trocknet immer mehr aus“. Die »Trockenheit« wird mit einer erstickenden, bedrückenden zwischenmenschlichen Atmosphäre gebüßt (s.a. Kapitel 8 und 12).

Von *„kontrolliertem Trinken“* kann man sprechen, wenn jemand mäßig und nach einem festen Trinkplan trinkt (z.B. jeden Dienstagabend 0,2 Liter Wein am Kegelabend). Häufig wird dies allerdings nicht zum Genuß (falls es überhaupt gelingt), denn der Gedanke, ob er nicht doch ein zweites oder drittes Glas vertragen könne, plagt den kontrolliert Trinkenden. Würde es ihm – bei dem doch sonst alles bestens läuft – nicht doch gelingen, zu trinken wie Nichtalkoholiker auch? Ist er überhaupt ein Alkoholiker? Wie man sieht, kann die Grenze zur Selbstüberschätzung leicht aufweichen. Im übrigen setzen Alkoholabhängige meistens und fälschlicherweise »kontrolliertes Trinken« mit »normalem Trinken« gleich. Bei letzterem bedarf es jedoch keines Trinkplanes, denn das Trinken wird quasi automatisch durch Signale des körperlich-psychischen Befindens (z.B. Unwohlsein) reguliert.

Als letztes ist der *„trockene Rückfall“* (»trocken besoffen«) zu nennen. Er ist daran zu erkennen, daß sich »trockene« AlkoholikerInnen im Alltag wie in der »nassen Zeit« verhalten: unruhig, ungeduldig, rechthaberisch, großspurig. Die Gefahr besteht, daß es dadurch zu einem »nassen Rückfall« kommt.

In mehreren Untersuchungen ist dokumentiert worden, daß diese vielfältigen Rückfallformen allesamt in der Praxis vorzufinden sind. Einige interessante Ergebnisse aus der bereits zitierten Studie des Münchener Max-Planck-Instituts für Psychiatrie (KÜFNER, FEUERLEIN & FLOHRSCHÜTZ, 1986; KÜFNER u.a., 1988) verdeutlichen dies:

- 33% der aus stationärer Therapie Entlassenen konsumieren im ersten Halbjahr nach Behandlungsende zum ersten Mal erneut Alkohol. In den ersten sechs Monaten nach einer Behandlung ist die Rückfallanfälligkeit besonders groß.
- Im Zeitraum von 18 Monaten nach der stationären Therapie waren 53,5% der Rückfälligen (nur) »leicht rückfällig«, insofern ihre Rückfälle maximal drei Tage andauerten. 14% der Rückfälligen hatten nur an einem einzigen Tag getrunken. In den ersten vier Jahren nach der Entlassung hatten 31% der Rückfälligen niemals und 9% ein einziges Mal bis zum Rausch getrunken. 48% der Rückfälligen erlebten keinen Kontrollverlust.
- Einige Alkoholabhängige scheinen sich ein mäßiges Trinkverhalten aneignen zu können. Für 2,6% der stationär behandelten Alkohlabhängigen war nämlich zu zeigen, daß sie zumindest vier Jahre lang in mäßigen Mengen tranken, d.h. nicht mehr als max. 30g (Frauen) bzw. 60g (Männer) reinen Alkohol pro Tag[4] konsumierten. Nicht jedes erneute Trinken führt also zu Symptomen körperlicher Abhängigkeit bzw. »pathologischem Trinkverhalten« (Kontrollverlust, Erinnerungslücken, Orientierungsstörungen usw.), zu einer Beinträchtigung des Lebensalltags (z.B. zu Schwierigkeiten im familiären Zusammenleben oder am Arbeitsplatz) und schon gar nicht zu einer erneuten stationären Behandlung wegen Alkoholmißbrauchs.

---

4 Als Anhaltspunkt: Eine 0,5-Liter-Flasche Bier enthält etwa 20g reinen Alkohol.

Mit anderen Worten: Der Beginn des erneuten Trinkens muß nicht gleich im endgültigen Zusammenbruch enden. Mäßiges Trinken über mehrere Jahre hinweg ist bei Alkoholabhängigen zwar äußerst selten festzustellen, aber immerhin: dieser Fall kommt vor!

- Die Verläufe von Alkoholrückfällen sind wesentlich dynamischer als gemeinhin angenommen wird. Es zeigt sich nämlich, daß bei der Mehrzahl der Abhängigen ein *Schwanken* zwischen Abstinenz, schwerem Trinken und/oder mäßigem Trinken die Regel ist. Mit der Zeit wird ein Teil der Rückfälligen wieder abstinent und ein Teil der bislang Abstinenten trinkt wieder Alkohol. So kommt es dazu, daß z.B. im ersten (33%), dritten (37%) und achten (34%) Halbjahr nach stationärer Therapie stets annähernd ein Drittel aller Ex-Patienten rückfällig ist, also der Anteil der Rückfälligen *nicht* zunimmt. Das folgende Fallbeispiel demonstriert dieses jahre-, hier sogar jahrzehntelange Schwanken zwischen Abstinenz, mäßigem und schwerem Trinken.

Frau H. wird unehelich in einer Kleinstadt geboren, übt nach Abschluß der Volksschule verschiedene Tätigkeiten in der Landwirtschaft und als Gehilfin in der Bäckerei aus, arbeitet anschließend in der Fabrik und schließt eine Ehe mit einem Mann, der bereits ein uneheliches Kind zu alimentieren hat. Einige Zeit später bemerkt sie, daß er auch in ihrer Ehe mit einer anderen Frau eine Beziehung eingegangen ist, die ebenfalls nicht ohne fruchtbare Folgen bleibt. In diese Zeit fällt der erste Alkoholkonsum, der zunächst mit täglich 1–2 Flaschen Bier die Situation mit diesem Mann bis zur Scheidung erträglich zu machen scheint. Nach der Scheidung erfolgt eine exzessive Steigerung ihres Alkoholkonsums mit zweitägigen Vollräuschen am Wochenende (ca. 10 Flaschen Bier täglich) bei Erhalt der Arbeitsfähigkeit während der Werktage. Die Initiative der Schwester führt schließlich zu einem mehrmonatigen Aufenthalt im Landeskrankenhaus, wo sie unter gerontopsychiatrischen, schizophrenen, depressiven und oligophrenen PatientInnen lebt. Der Abschluß dieser »Kur« leitet eine mehrjährige »Trockenheit« und Wie-

dergewinnung einer gewissen sozialen Etabliertheit ein, eine zweite Eheschließung folgt.
Seit nunmehr etwa 25 Jahren hat Frau H. nach längeren »Trockenphasen« immer wieder Rückfälle von 5–8 Tagen. Die Rückfälle werden dadurch so exzessiv, daß Frau H. nach dem ersten Schluck (inzwischen überwiegend Rum) die Flasche austrinkt und das Haus verläßt, weil sie ihrem Mann aus schlechtem Gewissen alkoholisiert nicht unter die Augen treten mag. Sie versteckt sich dann in den umliegenden Wäldern und campiert auf Parkbänken und ähnlichem, nachdem sie mittlerweile ihres festen Verstecks ledig ist, da sie es ihrem Mann offenbart hat. Diese Offenbarung führe inzwischen jedoch auch dazu, daß sie selbst sich derartig miß- und verachtet, daß sie die Aufnahme auf die Entgiftungsstation mit dem Gedanken an eine langfristige Entwöhnungstherapie veranlaßt hat.

Dieses Fallbeispiel und die zuvor eingeführten Rückfall-Differenzierungen verweisen allesamt darauf, daß wir bei der Rede von »dem Rückfall« nicht vergessen sollten, daß Rückfälle unterschiedlich lange andauern und unterschiedlich schwer verlaufen. »Den« typischen Rückfall(verlauf) gibt es nicht, das Rückfallgeschehen ist äußerst dynamisch!

10 Bei der Entstehung von Rückfällen wirken mehrere Faktoren zusammen

Es ist davon auszugehen, daß Rückfälle in der Regel durch ein Bedingungsgefüge sich wechselseitig beeinflussender Faktoren, nicht jedoch durch nur einen einzigen zustandekommen. »Die« Rückfallursache schlechthin gibt es nicht, und zudem haben einzelne Faktoren von Rückfall zu Rückfall unterschiedliche Bedeutung. Das haben bereits die bislang geschilderten Beispiele deutlich gemacht. Es ist deshalb unter Behandlungsgesichtspunkten hilfreich, Rückfallmuster für jeden Einzelfall getrennt aufzuschlüsseln, um daraus angemessene Schlüsse für die weitere Behandlung zu ziehen.

Die folgende Zusammenstellung gibt eine Übersicht über die Faktoren, die nach momentanem Kenntnisstand Rückfälle begünstigen.

Faktoren, die die Entstehung und das »Auswachsen« von Rückfällen begünstigen

In einer Vielzahl von Studien haben sich drei Hauptfaktoren herauskristallisiert, die offenbar zentrale Bedeutung für die Rückfallentstehung besitzen (vgl. Körkel & Lauer, 1992, S. 60ff):

1. *Unangenehme Gefühlszustände*, wie depressive Verstimmungen, Ängste, Gereiztheit, Gekränktsein, Stim-

mungsschwankungen, Gefühle der Leere oder Sinnlosigkeit, Schuldgefühle vor und nach dem »ersten Schluck« usw. sind nach vorliegenden Studien Gefahrenquelle Nummer 1 für Rückfälle!

Vorwiegend diesen zentralen Rückfallfaktor dokumentiert das folgende Beispiel. Herr Z. trägt seinen protokollarisch festgehaltenen Rückfallverlauf im Rahmen einer Gruppensitzung nach einer halbjährigen Therapie vor.

„Protokoll eines Rückfalls.

Sonntag, 21.04.1990, 11.30 Uhr. Heute nach genau 54 Wochen habe ich meine Abstinenz vom Alkohol gebrochen. Die zunehmende Aggressivität in mir und die damit verbundene Gereiztheit waren ausschlaggebend für diese Entscheidung. Diese Entscheidung habe ich bei vollem Bewußtsein getroffen. Ich weiß 100%ig um die Gefahr, in die ich mich vor wenigen Minuten begeben habe. Da ich alle Schattenseiten des Saufens kennengelernt habe, spüre ich tatsächlich Angst vor der Zukunft, jedoch in der Hoffnung aller Alkoholiker, das Trinken (bewußt nicht: 'Saufen') unter Kontrolle zu bringen. Daß die Chance hierzu bei ca. 2:98 liegt, ist mir ebenfalls bewußt.

Momentaufnahme: Der 'erste Halbe' ist ausgetrunken. Beim ersten Schluck habe ich mich tatsächlich verschluckt. Dann habe ich spürbar Erleichterung empfunden. Ich weiß genau, daß die Grenze zwischen Erleichterungstrinken und Vollrausch nur hauchdünn ist. Ich weiß, daß ich *zur Zeit* (in diesem Ausspruch liegt jetzt schon die Absicht 'kontrolliert' weitertrinken zu wollen) nicht viel vertrage und merke, jetzt um 12.05 Uhr, beim zweiten Halben deutlich, wie mir der 'Stoff' ins Hirn schießt. Irgendwie genieße ich das und ich merke, wie alle Aggressivität und Gereiztheit aus mir weicht. So gesehen fühle ich mich recht wohl. Andererseits, wenn ich an die Menschen denke, die mir in meinem Elend immer geholfen haben, schäme ich mich. Vor diesen Menschen, insbesondere meinen Eltern, bleibt mir nichts anderes übrig, als meinen 'Rückfall' geheim zu halten. By the way, ich beabsichtige, unmittelbar nach meinem Urlaub wieder eine Abstinenzphase von mindestens vier Wochen einzulegen, um dann Resümee zu ziehen, wie es um meine Gefühle und meine bis dato gemachten Erfahrungen steht. Morgen steht das nächste Problem an. Auswärtsspiel in X-Stadt. Dort möchte ich nach dem Spiel 'öffentlich' ein kühles Pils trinken. Auch meinen

Mannschaftskollegen wird mein Verhalten nicht gefallen, doch im Gegensatz zur Vergangenheit möchte ich nicht mehr permanent heimlich trinken. Ich glaube, gerade die Gemeinsamkeit mit Freunden, wie z. B. damals in Ahnsbach mit Dieter u. a., die noch immer zu den schönsten meines Lebens gehören, fehlten mir in der letzten Zeit so sehr. Ich habe mich in meiner Abstinenzphase des letzten Jahres eigentlich nur mit der 'Ersatzdroge Arbeit' betäubt. Ich frage mich allen Ernstes, warum ich in den letzten 9 (!) Wochen keinen freien Tag gemacht habe?! Richtig: Ich weiß wahrscheinlich nichts Konkretes mit Freizeit anzufangen.
Jetzt ist es 13.23 Uhr, und ich habe 2,3 l intus. An sich fühle ich mich gut, merke allerdings auch schon an meinem Schriftbild, daß ich einigermaßen 'stoned' bin.“

Im Sinne des Rückfall-Faktors Nr. 1 wird deutlich, daß die über ein Jahr währende »Trockenheit« kein befriedigendes psychisches Zustandsbild hatte bewirken können, daß Herr Z. zunehmend aggressiv und gereizt wurde und daß seine Entscheidung, so meint er zumindest, bei vollem Bewußtsein (gemeint ist wohl bei klarem Verstand) getroffen wurde. Er empfand seinen Gesamtzustand als unerträglich und wollte/konnte offenbar die »krampfhafte Trockenheit« nicht weiter ertragen. Dem Rückfall fehlt jeder Zufälligkeitscharakter. Herr Z. wurde nicht verführt, er hat nicht die »Schnapspraline« genossen, er hat keine herausragende Frustrationen noch das Gegenteil erlebt. Deutlich wird auch, wie er durch gewissermaßen süchtiges Arbeiten seine »Trockenheit« in bezug auf Alkohol noch in der Schwebe halten konnte. Sogar der Rückfall gerät zu einem buchhalterischen Akt!

2. Über personenpezifische Faktoren hinaus sind vielfach *soziale Bedingungen* Rückfallvorläufer. Dazu gehören z.B. dauerhafte Spannungen in der Familie; eine durch starke gegenseitige Ko-Abhängigkeiten geprägte Familienstruktur, die (auch) die Ablösung oder Eigenständigkeit des abhängigen Familienmitglieds erschwert; eine sozial isolierte Lebensweise u.a.m.

3. Schließlich besitzen *situative Faktoren* wie Trinkaufforderungen durch andere („Nun hab' dich nicht so und trinke einen mit!"), »feuchtfröhliche Feiern« (etwa im Betrieb), ein generell hoher Alkoholkonsum in der Familie oder am Arbeitsplatz u.a.m. ein besonderes Gefährdungspotential.

Neben diesen drei Hauptgefährdungsbereichen gibt es weitere Bedingungen, die sich als rückfallauslösend oder »-anheizend« herausgestellt haben:

4. Ein *Lebensstil*, der von Überforderung, zuviel Arbeit, wenig Ausgleich, wenig Erholung und wenig Entspannungsphasen geprägt ist, ist ein gefährlicher Nährboden für Rückfälle.
5. Beim Auftreten von *einschneidenden Lebensereignissen*, wie Tod, Trennung, Geburt oder Hochzeit einer nahestehenden Person, Verliebtheit, beruflichen Veränderungen, Umzug usw. kommt es zu Gefahrenspitzen.
6. *Unzureichende Bewältigungsfertigkeiten* werden oft dann zum Verhängnis, wenn man sich in Situationen befindet, in denen Alkohol angeboten wird (Feiern, geselligem Zusammensein, Jubiläen), oder wenn man mit einem »kritischen Lebensereignis« konfrontiert wird. Unzureichende soziale Kompetenzen oder Bewältigungsfertigkeiten zeigen sich z.B. daran, daß jemand zu anderen Menschen keine befriedigenden Kontakte aufnehmen und aufrechterhalten, belastende Stimmungszustände nicht aushalten oder sich anderen gegenüber nicht abgrenzen kann (z.B. nicht »nein« sagt, wenn er nicht mittrinken möchte).
7. Auch »eingefleischte« *Gedanken* bezüglich Alkohol können zu »Rückfallanbahnern« werden. Dazu gehören z.B. die Überzeugungen, kontrolliert trinken oder in Versuchungssituationen nicht widerstehen zu können; die Erwartung, durch Alkohol den eigenen Gefühlszustand positiv beeinflussen zu können; die Zurückführung des »er-

sten Schlucks« auf Willensschwäche oder eigene Unfähigkeit zur Abstinenz u.a.m.

8. Wer über viele Jahre oder gar Jahrzehnte hinweg massiv Alkohol konsumiert und somit *fest eingeschliffene Trinkgewohnheiten* entwickelt hat, unterliegt einer erhöhten Gefahr, bereits bei kleineren Unaufmerksamkeiten in die alte Trinkroutine zurückzufallen.
9. Ein unsichtbarer, nicht leicht »abzustellender« Gefährdungsfaktor sind relativ stabile Handicaps im *psychischen System* von Abhängigen. Dazu gehören etwa ein generell niedriges Selbstwertgefühl oder Schwierigkeiten, nach Enttäuschungen oder Kränkungen zu einem ausgeglichenen Selbstwertgefühl zurückzufinden (»narzißtische Störungen«).
10. *Anhaltende unangenehme körperliche Zustände* (z.B. starke Schmerzen) können zum Drang führen, seinen unangenehmen Zustand mittels Alkoholzufuhr zu lindern.
11. Darüber hinaus können permanente Über- oder Unterforderungen am Arbeitsplatz, anhaltende Arbeitslosigkeit, Wohnsitzlosigkeit u.a.m. – also die *generellen Arbeits- und Lebensbedingungen* – die Abstinenzhaltung untergraben.

In diese Rubrik ist eine Reihe von Patienten einzuordnen, wovon wir uns den Werdegang von Karl P. herausgreifen wollen. Herr P. ist inzwischen arbeitsloser Einzelhandelskaufmann. Nach Eintritt seiner Arbeitslosigkeit sitzt er tagsüber mit ebenfalls Arbeitslosen ähnlicher sozialer Schicht in Lokalen und kehrt abends oder in der Nacht in sein Elternhaus zurück. Durch den zunehmenden Einfluß des Alkohols gibt es Auseinandersetzungen mit den Eltern, die dazu führen, daß er sich eine eigene kleine Wohnung nehmen und halten muß, wozu er zunächst noch imstande ist. Allerdings hält er sich hier tagsüber nicht auf, sondern trifft sich mit seinen Kollegen, inzwischen nicht mehr in einer Kneipe, sondern an einem Kiosk. Vom äußeren Habitus kann er dabei immer noch den Eindruck des völligen Heruntergekommenseins meiden.

Aber auch dies ist eine Frage der Zeit, bis schließlich die Wohnung gekündigt wird und er, immer noch in seiner alten Wohngegend, mittlerweile im Gebüsch und auf Parkbänken nächtigt. Nach verschiedenen eintägigen Krankenhausbehandlungen nutzt er schließlich die in der Klinik befindlichen Sitzgelegenheiten zum Aufenthalt, bis er auch hier Hausverbot erhält bzw. nur zur stationären Behandlung aufgenommen wird, die er teilweise durch Gewaltandrohung erzwingt. Immerhin führt eine solche Maßnahme dann dazu, daß er über seine Situation insoweit nachdenken kann, daß er in eine Entwöhnungstherapie einwilligt, die dazu führt, daß er eine begrenzte Zeit »trocken« bleiben kann. Durch die weiteren Kontakte mit seinen früheren »Saufkumpanen« wird er jedoch, wie nicht anders zu erwarten, rückfällig, und dieser »schicksalhafte« Kreislauf zwischen Behandlung, zeitweiser Abstinenz und längerfristiger Rückfälligkeit wird sich möglicherweise fortsetzen, denn durch die nun in die Jahre gehende Arbeitslosigkeit und die allgemeine wirtschaftliche Lage wird er wohl keine Chance mehr haben, beruflich je wieder Fuß zu fassen.

12. Im Einzelfall ist als Rückfallhintergrund auch die Art der zuvor stattgefundenen *Behandlung* in Erwägung zu ziehen. Gemeint sind damit z.B. eine zu kurze oder vom Therapieangebot her unzureichende Alkoholentwöhnungsbehandlung, eine vorzeitige Entlassung aus der Therapie während einer persönlichen Krisensituation u.a.m.
13. Von Abhängigen selbst wird nicht selten das *unbändige Verlangen nach Alkohol* (craving) als Rückfallursache genannt. Es ist heutzutage allerdings äußerst umstritten, ob das Alkoholverlangen einen eigenständigen Rückfallfaktor darstellt oder ob es z.B. nur Ausdruck der Erwartung ist, eine unangenehme Situation durch Alkohol erträglicher gestalten zu können (vgl. DRUMMOND, COOPER & GLAUTIER, 1990; KOZLOWSKI & WILKINSON, 1987).
14. Angemerkt sei hier noch, daß das Motiv, *angenehme Gefühle noch intensiver zu erleben* (z.B. Euphorie oder Grandiosität), nach vorliegenden Untersuchungen äuß-

erst selten Rückfällen zugrundeliegt. Darauf hatten wir bereits in Kapitel 2 hingewiesen.

Selbst ein Zusammentreffen mehrerer der zuvor genannten Bedingungen muß allerdings nicht notgedrungen in einem Rückfall enden. Eine »günstige« Ausprägung einiger dieser Faktoren kann das Rückfallrisiko bereits deutlich verringern: gute Abgrenzungs- und Selbstbehauptungsfertigkeiten bei »Trinkverführungen«, ein ausgewogener Lebensstil usw. Darüber hinaus ist recht gut abgesichert, daß es „*Rückfallblocker*" gibt. Dazu sind zu rechnen:

- Soziale Beziehungen („*Netzwerke*"), in die man eingebettet ist, die die abstinente Lebensweise fördern und die nicht zuletzt in Krisensituationen ein Auffangbecken darstellen.
- Die regelmäßige *Teilnahme an Selbsthilfegruppen-, Beratungs- oder Therapiegesprächen.*
- *Alkoholpräventionsprogramme* im Betrieb, insbesondere dann, wenn sie das Thema des Rückfalls einbeziehen.

Auf weitere Möglichkeiten der Rückfallbeeinflussung wird in Kapitel 13 eingegangen.

Nach dieser Auflistung dürfte deutlich geworden sein, daß fehlender Wille, nicht vorhandene Einsicht und autonome Körperreaktionen (Alkoholverlangen) als Erklärungen für Rückfälle nicht ausreichen.

Wir möchten diesen Abschnitt mit einigen einschränkenden Überlegungen abschließen und diese mit einem Beispiel beginnen.

Ein 54jähriger gelernter Handwerksmeister kommt wegen seiner Alkoholabhängigkeit freiwillig in die psychiatrische Klinik zur Aufnahme. Sein Alkoholmißbrauch beginnt, als er das vom Vater übernommene Geschäft auf Grund der schlechten wirtschaftlichen Lage nicht mehr weiterführen kann. Sein verstärkter Konsum und die allmähliche Abhängigkeit stehen wohl in engem Zusammenhang damit, daß er über die berufliche Pleite und seine Arbeitslosigkeit nicht hinwegkommt. Er entschließt sich sodann zu einer Entgiftung und einer kurzzeitigen

Entwöhnungstherapie. Ohne jede Nachbetreuung oder Inanspruchnahme von Selbsthilfegruppen bleibt er nüchtern und nimmt eine Arbeit in einer Fabrik an – so als sei nie etwas gewesen.
Nach mehr als zehnjähriger »Trockenheit« beginnt er ohne jede äußerlich sichtbare oder erinnerbare auslösende Situation wieder mit dem Alkoholkonsum. Es geht los mit Weizenbier. Die erste Flasche, die bei anderen Alkoholabhängigen unmittelbar »rückfallanheizende« Bedeutung haben kann, insbesondere wenn sie die gängigen Therapiemeinungen internalisiert haben („one drink one drunk"), wovor er möglicherweise mangels ausreichender Behandlungsdauer geschützt war, konsumiert er offenbar ohne jede Regung oder Notiznahme. Warnende, enttäuschte oder skeptische Reaktionen hört er anscheinend auch nicht aus seiner Umgebung. Die Dosis steigert sich und pendelt sich dann auf einem höheren Niveau ein, ohne daß eine Art »Warnlampe« anginge. Sein mehr oder minder starker Alkoholkonsum hält nahezu drei Jahre an, ohne daß er in nennenswerte Schwierigkeiten an seinem Arbeitsplatz geriete. Schließlich wird aber doch eine erneute Klinikaufnahme unumgänglich.
Völlig sachlich und ohne viele Worte teilt er bei der Aufnahme in die psychiatrische Klinik mit, daß er jetzt eine mehrmonatige Therapie für erforderlich halte, die er dann auch tatsächlich in der Tagesklinik ebenso stoisch durchführt, wie er viele Jahre »trocken« bzw. zuletzt rückfällig war. Das Therapieergebnis läßt sich bei diesem affektiv schwingungslosen Mann zunächst nur an dem Weiterbestehen der »Trockenheit« messen.

Bei diesem Patienten können wir uns keinen stichhaltigen Reim auf seinen Rückfall machen. Trotz angestrengter Versuche, einschließlich tiefenpsychologischer Überlegungen, rückfallauslösende Momente zu eruieren, ergeben sich darauf keine Hinweise. Die Suche nach sozialen Versuchungs- oder Versagenssituationen, einschneidenden Lebensereignissen, chronischen Belastungen, Infragestellungen des Abstinenzziels u.a.m. bleibt beim vorgenannten Patienten ohne Ergebnis. Die jahrelange Hinnahme seiner Trinkerei durch die Familie gibt zwar Anhaltspunkte auf systemisch-familiäre Entstehungsbedingungen des Rückfalls, ohne daß uns dieser

Erklärungsansatz jedoch ausreichend erschiene. Die ergebnislose Suche nach Rückfallbedingungen muß bei diesem Patienten allerdings nicht verwundern, liegt der Beginn des Rückfalls doch recht lange zurück. Wie es auch immer sein mag, wir möchten anhand dieses Beispiels deutlich machen, daß in manchen Fällen der omnipotente Standpunkt der Alleserklärbarkeit einfach nicht greift, wenngleich dies natürlich nicht heißt, daß Rückfälle vom Himmel fielen. Wir sollten letztlich akzeptieren lernen, daß es eben auch Rück-Fälle gibt, für die wir keine Erklärung haben. Diese Tatsache ist zwar nicht immer leicht zu akzeptieren, aber wir müssen letztlich mit ihr leben.

11 Die Schnapspraline und was danach passiert

Wir sind bisher – unter wechselnden Blickwinkeln – der Frage nachgegangen, wie es zu Rückfällen kommt und wie Rückfälligkeit insbesondere bei schwer beeinträchtigten Alkoholabhängigen bewertet werden kann. Wir wenden uns nun einer ebenso spannenden, von Mythen durchsäten Fragestellung zu: Was passiert eigentlich nach dem »ersten Schluck«?

Im Alltag der Suchtbehandlung ist die Ansicht, daß Alkoholabhängige nach dem »ersten Schluck« automatisch (krankheitsbedingt) die Kontrolle über ihr Trinkverhalten verlieren, weit verbreitet. Die größte »Berühmtheit« hat dieser Grundsatz wohl in der Überzeugung gefunden, daß bereits der Konsum einer Schnapspraline ausreiche, um bei AlkoholikerInnen wieder »den« Kontrollverlust einzuleiten.

Nun ist die Vorstellung, daß ein »erstes Schlückchen« dem Rückfall in alte Suchtmuster Tür und Tor öffnet, keineswegs aus der Luft gegriffen. Diejenigen, die im Suchtbereich tätig sind, kennen dieses Spiel mit dem Feuer: Die/der Abhängige glaubt, nach einer Phase der Abstinenz wieder ganz gut mit Alkohol zurechtzukommen, vielleicht kontrolliert trinken zu können. Sie/er will ihr/sein Glas Bier oder Wein genießen wie alle anderen auch. Und nach einiger Zeit hat es wieder einmal nicht geklappt.

Wenn man sich Rückfälle im Zeitraffer ansieht, gelangt man schnell zu der Auffassung, es sei so etwas wie ein

Naturgesetz, daß Alkoholabhängige nach einer ersten, kurzen Trinkphase (oder etwa einer Schnapspraline) mehr Alkohol möchten oder bräuchten. Die Vorstellung ist dabei oft die folgende: Der alkoholkranke Körper reagiert bereits auf geringe Mengen Alkohol durch ein gesteigertes Verlangen nach mehr Alkohol. Er gibt diesem Verlangen nach, bis der weitere Konsum nicht mehr gesteuert werden kann. Das erste Glas löst also – so die Theorie – aufgrund eigenständiger körperlicher Prozesse den Kontrollverlust aus, der unweigerlich zum schweren Rückfall führt.

Wenn man sich Rückfallverläufe sehr genau und in der Zeitlupe berichten läßt, sieht man allerdings, daß der »direkte Absturz« nach dem »ersten Schluck« eher selten ist. Nach dem »ersten Schluck« nehmen viele Alkoholabhängige für einige Tage oder Wochen gar keinen Alkohol zu sich. Und: Nach dem »ersten Schluck« kommen viele gedankliche und emotionale Prozesse in Gang. Dazu gehören etwa die Gedanken, daß man vielleicht doch kontrolliert trinken könne, daß man keine Entzugssymptome und kein Verlangen nach mehr Alkohol bei sich feststelle, daß man sich Vorwürfe wegen dieses Fehltritts macht oder daß man Triumphgefühle erlebt, daß es (das »kontrollierte« oder »normale« Trinken) bei einem doch geht. Diese Überlegungen legen bereits nahe, daß es nicht »der alkoholkranke Körper« ist, der das erste Glas zum »ausgewachsenen Rückfall« werden läßt. Entscheidend dafür, wie es nach dem »ersten Schluck« weitergeht, scheinen vielmehr gedankliche und emotionale Prozesse zu sein. Das folgende Beispiel (nach KÖRKEL & WOHLFARTH, 1992, S. 40) untermauert dies:

Doris W. hat nach längerem Alkoholmißbrauch zwei Jahre lang konsequent abstinent gelebt. Zu Silvester ist sie bei Bekannten eingeladen. Um Mitternacht trinkt sie in der Überzeugung, genügend gefestigt zu sein, ein Glas Sekt mit Orangensaft. In den folgenden Wochen konsumiert sie bei geselligen Anlässen erneut Alkohol, allerdings schon mehr als ein Glas – denn sie hat für sich die Erfahrung gemacht, daß nach

einem Glas kein Verlangen nach mehr Alkohol aufgetreten ist. Warum also nicht auch einmal zwei oder drei Gläser trinken? Sie besucht zwar weiterhin ihre Selbsthilfegruppe, verschweigt dort aber ihr neuerliches Trinken, weil sie eine Verurteilung durch die anderen befürchtet. Ihren Freund kann sie bislang von der Harmlosigkeit ihres erneuten Trinkens überzeugen.
Als sie jedoch Ende Februar erheblich angetrunken im eigenen Auto von einer Faschingsfeier zurückfährt, reagiert ihr Freund erstmals sehr gereizt und verärgert und sagt, daß er eine weitere »Saufphase« nicht mehr mitmachen werde.
Frau W. wird schlagartig klar, daß sie bereits wieder auf dem Weg in die Sucht ist. Sie ruft umgehend eine Freundin aus der Selbsthilfegruppe an und sucht am nächsten Tag ihre Suchtberaterin auf. Mit einiger Überwindung schafft sie es dann auch, in der Selbsthilfegruppe offen über ihr erneutes Trinken zu reden und mit Unterstützung der anderen zur Abstinenz zurückzufinden. Deutlich wird ihr dabei auch, daß sie sich auf dem Weg zu einem schweren Rückfall befand, denn selbst bei steigender Alkoholdosis neigte sie dazu, ihre Gefährdung herunterzuspielen bzw. ganz zu leugnen.

Wie in diesem Fall zu ersehen ist, endete hier der erste Schluck in keiner Katastrophe und nicht im Kontrollverlust. Dazu hatte wohl beigetragen, daß Doris W. diesen Ausrutscher in ihrem (Selbst)Bewußtsein nicht als eine schwere persönliche Niederlage („Ich bin eine Versagerin“) und auch nicht als generelle Unfähigkeit zur Abstinenz („Ich bin eben nicht fähig, mit dem Trinken aufzuhören“) bewertete.

Größere Schwierigkeiten nach dem ersten Schluck entstehen erst dann, wenn Abhängige ihre innere Zuversicht, abstinent leben zu können, aufgeben und nicht mehr an sich selbst glauben. Der erste Schluck ufert meist erst dann in grenzenloses Trinken aus, wenn Abhängige sich sagen: „Jetzt habe ich schon wieder angefangen – ein weiterer Beweis dafür, daß ich es halt nicht packe – dann kann ich mich gleich vollsaufen.“ Die auftauchenden Schuld- und Schamgefühle heizen ihre innere Weltuntergangsstimmung noch weiter an (Scham- und Schuldgefühle sind also »Rückfallanheizer«). Das nächste

Glas dient dann zur Besänftigung der Gefühle, ein Versager zu sein usw.

Genauer besehen sind es nach wissenschaftlichen Erkenntnissen die folgenden drei Pozesse, die begünstigen, daß der »erste Schluck« in einem schweren Rückfall endet:

- Die/der Abhängige glaubt, daß eigene *Willensschwäche* oder *Unfähigkeit zur Abstinenz* der maßgebliche Grund dafür ist, daß es zum »ersten Schluck« gekommen ist.
- Sie/er ist ebenfalls davon überzeugt, dem weiteren Trinkverhalten *ohnmächtig* gegenüberzustehen. („Da ist ja sowieso nichts mehr dran zu ändern: Es ist wieder soweit, daß ich abstürze".)
- Sie/er wird von *Schuld- und Schamgefühlen* geplagt, weil sie/er sich als Versager sieht und sich Vorwürfe macht.

Ein schwerer Rückfall ist nach diesen Erkenntnissen also nicht die Reaktion des »kranken Körpers« auf den »ersten Schluck«, sondern Folge der gedanklich-gefühlsmäßigen Verarbeitung des Ausrutschers – und damit *eine sich selbst erfüllende Prophezeiung*: Abhängige sagen sich nach dem »ersten Schluck« „hat ja eh' keinen Sinn mehr" – und verhalten sich dementsprechend.

Für die Behandlung ist zu folgern:
Der »erste Schluck« nach einer Abstinenzphase ist ein ernstzunehmendes Verhalten und nicht zu verharmlosen. Es ist jedoch – von BehandlerInnen und Abhängigen – zu vermeiden, ihn zu einem Drama zu machen! Stets sollte man sich vor Augen führen, daß der »erste Schluck« nicht naturnotwendig in einen schweren Rückfall ausufern muß, sondern daß man »gegensteuern« und zur Abstinenz zurückkehren kann. Wie es eine Betroffene zum Ausdruck brachte: „Meines Erachtens ist es möglich, in jedem Stadium des Rückfalles wieder aufzuhören. Zumindest *einen* klaren Augenblick wird es bei jedem Rückfälligen geben." (KOEPCKE, 1991, S. 12)

12 Rückfälle verlaufen häufig in einer »systemischen Dynamik«

Die Entstehung, der Verlauf und die Folgen von Rückfällen sind keine »Privatsache« der/des Abhängigen. Rückfälle sind in der Regel in soziale Beziehungen eingebettet, die das Rückfallgeschehen begünstigen oder erschweren, es auf jeden Fall beeinflussen (vgl. HALL u.a., 1991b). Die wichtigsten sozialen Beziehungen sind meist die in der Familie, unter Arbeitskollegen oder im Freundeskreis. Aber auch ein Heim, eine Klinikstation oder andere soziale Gruppierungen können auf das Rückfallgeschehen Einfluß nehmen, ohne daß uns dies in dramatischer Weise ins Auge springen würde. Das folgende Beispiel gibt einen ersten Eindruck, wie auch scheinbar belanglose soziale Begegnungen Rückfälle begünstigen können.

Eine besondere, letztlich nicht dramatische Form der Rückfälligkeit kann von einem chronisch psychisch Kranken berichtet werden, der in einem Wohnheim für psychisch Kranke wohnt und längere Zeit abstinent lebte. Verbunden mit der Weigerung, an den dortigen therapeutischen und Beschäftigungsaktivitäten teilzunehmen, hält er sich bei entsprechendem Wetter mehr oder weniger ganztags auf einer Bank auf, die, zugegebenermaßen, sehr idyllisch gelegen ist und erhält in dem dortigen Viertel die Funktion der früheren »Dorflinde« erfüllt. Es treffen sich dort Menschen, insbesondere Männer verschiedener sozialer Schichten, zum »Schwatz«. Er bekommt dort alles mit und erhält darüber hinaus Anregungen, obwohl er mit den Anwesenden aufgrund

seiner psychotischen Erkrankung nicht direkt und intensiv ins Gespräch gerät.
Da es an diesem Ort üblich ist, das Gespräch mit einer Flasche Bier in der Hand zu führen, hat er sich, einer alten Neigung folgend, dieser Prozedur angeschlossen und konsumiert über den ganzen Tag verteilt 5–7 Flaschen Bier. Dies führt bei ihm nicht zum Betrunkensein, aber es stößt im Heim auf wenig Gegenliebe, weshalb er von Zeit zu Zeit die Auflage erhält, sich in eine Entgiftungsbehandlung zu begeben, die er bisher ohne jede Entzugssymptomatik durchlebte. Diesem Patienten möchte man anraten, nicht eine Entwöhnungstherapie mitzumachen, sondern sich künftig das »Recht« auf seinen Sitzplatz mit alkoholfreiem Bier zu erkaufen.

Koabhängigkeit und Rückfall

In vielen Partnerschaften existiert der Alkoholismus eines Partners nicht »aus sich heraus«, sozusagen als »endogene Krankheit«. Bei näherer Betrachtung zeigt sich vielmehr, daß der Alkoholismus des einen Partners durch ganz bestimmte Verhaltensweisen des anderen Partners aufrechterhalten wird. Auffallend ist z.B., daß nach einer gescheiterten Partnerschaft mit einer suchtkranken Person der scheinbar nicht betroffene Partner in der nächsten Beziehung, die er anknüpft, oftmals wiederum an eine(n) Suchtkranke(n) gerät oder der neue Partner sich alsbald zu einem solchen entwikkelt. Man spricht auch von »Koabhängigkeit« und meint damit, daß der nicht suchtmittelabhängige Partner sich so verhält, daß die Sucht des anderen Beziehungspartners sich ausbreiten oder erhalten kann (vgl. Rennert, 1992). Dieses »koabhängige« oder »koalkoholische Verhalten« wird in der Regel keineswegs bewußt eingesetzt, sondern in dem Glauben, dem anderen dadurch helfen zu können. Man kann jedoch im allgemeinen davon ausgehen, daß der/die Nichtsüchtige durch den Alkoholismus seines Partners/seiner

Partnerin auch einen (durchaus nicht bewußt angestrebten) »psychischen Gewinn« hat.

Das folgende Beispiel beschreibt einen Rückfall, der auf der Basis eines recht deutlich ausgeprägten Koalkoholismus entstanden und eskaliert ist.

Eine langjährige Alkoholikerin, deren Schwester bereits an den Folgen dieser Sucht verstorben ist, wird von ihrem Ehemann nach besten Kräften versorgt. Er kümmert sich um alles, garniert gewissermaßen seine Berufstätigkeit um die Bedürfnislage seiner Frau herum, und er besorgt auch für die Zeit seiner Abwesenheit ein ausreichendes Maß an Alkohol. Er selbst wendet sich wegen der Probleme mit seiner alkoholabhängigen Frau nicht an das Gesundheitsamt oder eine andere Stelle – sie schon gar nicht – auch wenn er öfter nach dem Dienst in seinem Wagen schlafen muß, weil er nicht in die Wohnung kommt. Nicht er, sondern um sich selbst besorgte Hausbewohner schalten dann den sozialpsychiatrischen Dienst ein, weil es zu einem Brand und bei einer anderen Gelegenheit zu erheblichen Verbrennungen bei der Betroffenen gekommen ist, nachdem sie sich auf die glühende Herdplatte gesetzt hatte. Nach mehreren Zwangseinweisungen und letztlich einer längerfristigen vormundschaftsgerichtlichen Unterbringung wird sie »trocken« – für ein Jahr. Diesen Jahrestag glaubt ihr Mann mit Sekt zusammen feiern zu müssen. In diesem Fall ist ein massiver Rückfall die Folge. Binnen kurzem verstirbt die Frau. Da der Mann, wie dargestellt, selbst keinen Kontakt zum sozialpsychiatrischen Dienst sucht, und man ihn deshalb nur beim Einweisungsvorgang kennenlernte, kann lediglich gemutmaßt werden, daß er neurotischen Gewinn aus seiner masochistischen Haltung zog. Vermutet werden kann auch, daß im Jahr der »Trockenheit« eben diese zerstörerische Befriedigung fortfiel und insofern der Rückfall von ihm, mit einer offenbar gefügigen Mitspielerin, inszeniert wurde.

Das vorgelegte Beispiel ist ein besonders makabres, aber insgesamt kein außergewöhnliches. Offensichtlich wurden hier durch eine extrem koalkoholische Haltung des Ehemannes die Sucht aufrechterhalten und der Rückfall eingeleitet.

Auch im Rahmen berufsmäßiger Suchtbehandlungen ist koabhängiges Verhalten keine Seltenheit. Der folgende Fall, über den es auch einen Fernsehbericht gab, macht dies in extremer Weise deutlich:

Ein Arzt kümmert sich in besonderer Weise um drogenabhängige Patientinnen, indem er ihnen vor allen Dingen sogenannte Ersatzmittel verschreibt, aber auch den gelegentlichen Zugriff auf den Rezeptblock ermöglicht. Als Gegenleistung wird offenbar erwartet, daß er sich um mehr als nur das körperliche Wohl dieser abhängigen Frauen kümmern darf. Dadurch wird er in einen Strudel von Erpreßbarkeiten hineingezogen, den zuzugeben er aufgrund seines konservativen Arztethos nicht imstande ist, und er insofern jede noch so fragwürdige »Be-Handlung« als ärztlich indiziert vornimmt. Die »Zuwendung« geht, abgesehen von Bemühungen im sexuellen Bereich, soweit, daß er aus seinem weit entfernten Wirkungsort und während seiner Sprechstundenzeit die Patientinnen persönlich in der Klinik vorbeibringt, sich offenbar dadurch erhoffend, daß sie »dicht« hielten. Darüber hinaus bringt er Rezepte in Form von Hausbesuchen an den, soweit noch vorhandenen, Arbeitsstellen der jungen Damen vorbei, um diesen die Mühe des persönlichen Erscheinens, zumindest an diesem Tag, zu ersparen.

Dies ist sicherlich ein extremes Beispiel für suchtverlängernde »Anteilnahme«. Wesentlich häufiger ist da schon der Fall des guten väterlichen Typs von Hausarzt, der für seine PatientInnen – also auch für die SuchtpatientInnen – alles in die Hand nimmt und Kuren und Entwöhungsbehandlungen in die Wege leitet, ohne daß die PatientInnen selbst bereits davon überzeugt wären. Nicht selten versuchen Hausärzte auch, u.a. wegen der gesellschaftlichen Ächtung des Alkoholismus (nicht des Alkoholkonsums!), PatientInnen zum Erhalt der »sozialen Unauffälligkeit« auf Tranquilizer umzustellen. Bei einer derartigen Fürsorglichkeit, die naturgemäß immer wieder enttäucht wird, ist beim Rückfall der Bruch der Behandlungsbeziehung vorprogrammiert.

Kommen wir auf das Thema der Koabhängigkeit in Familien zurück.

Es läßt sich oftmals feststellen, daß das gesamte familiäre Gefüge durch die Abstinenz der zuvor »nassen« alkoholabhängigen Person in außerordentlichem Maße erschüttert wird. Es kann zu einer Orientierungslosigkeit kommen, die schlechter auszuhalten zu sein scheint als der manifeste Alkoholismus. Folge davon können psychische oder psychosomatische Krankheitsbilder beim Patienten selbst, bei der Partnerin oder den Kindern sein, ggf. auch eine sich entwikkelnde Suchtproblematik bei der bisher »trockenen« (und fürsorglichen) Partnerin. Für solche Phänomene wurde der Begriff *„systemischer Rückfall“* (Schmidt, 1992) geprägt. Er geht aus von der nicht seltenen Beobachtung, daß das familiäre Leben zunehmend starrer und die Atmosphäre bedrückender wird, nachdem der Abhängige keinen Alkohol mehr trinkt. Das »abstinente familiäre System« kann sich offenbar auf die nun (infolge der Abstinenz) aufgebrochenen Konflikte, veränderten Bedürfnisse einzelner Mitglieder, neuen Nähe-Distanz-Regulierungen, neu zu bestimmenden Aufgabenverteilungen und Verantwortlichkeiten und ggf. auch freieren Gefühlsäußerungen nicht flexibel einstellen, so daß ein Auseinanderbrechen der Familie droht oder phantasiert wird. Die keineswegs bewußt eintretenden neuen Symptombildungen bei anderen Familienmitgliedern – oder der Rückfall des Abhängigen – stellen aus dieser Sicht intelligente Pseudolösungen dar, um wieder vertraute Nähe und bewährte Beziehungsmuster herzustellen. Versammelt um das neue oder wieder aufgetretene Symptom (Alkoholismus, Depressionen, Magersucht usw.) verbünden sich alle, und aufgetretene Divergenzen werden zugunsten der Verbindung gegen den gemeinsamen Feind »Krankheit« zurückgestellt. Das folgende Beispiel verdeutlicht dies ebenso wie den »Krankheitsgewinn« der koalkoholischen Partnerin.

Ein Arzt muß durch den plötzlichen Tod seines als Facharzt niedergelassenen und angstvoll verehrten Vaters sofort und viel eher als geplant in einer Großstadt dessen Praxis übernehmen. Seine schon

vorher bestehende Unsicherheit und Ängstlichkeit gegenüber den Anforderungen des Lebens im allgemeinen sowie der ärztlichen Tätigkeit im besonderen steigert sich zu einer krankheitswertigen Symptomatik. Die eingeschlagene Selbstmedikation mit Schmerz-, Aufputsch- und Beruhigungsmitteln (Mischpräparate) erweist sich als »erfolgreich«: die Praxis floriert, »es wird geheiratet«, fünf Kinder kommen zur Welt. Die Frau hilft später zunehmend mehr in der Praxis, und alles geht zunächst seinen Gang. Dann muß er jedoch – nach etwa 20 Jahren – von einem Tag auf den anderen die bisher nur langsam gesteigerte Eigenmedikation erheblich erhöhen.
Von da an wird die Frau, die aus einem anti-hedonistischen Familienverband stammt – Lachen, Freude, Frohsinn und Genuß waren Teufelswerk – zur notwendigen Aufpasserin. Sie achtet auf die Medikation, um einerseits den Mann arbeitsfähig zu halten und andererseits Überdosierungen zu vermeiden. Am Wochenende kommt es dann durch niedrigere Dosierung zu mehreren körperlichen Zusammenbrüchen, eine Klinikaufnahme ist schließlich nicht mehr zu vermeiden. Diese wird zunächst unter dem vom Patienten formulierten Ziel begonnen, eine medikamentöse Neueinstellung zu finden, die ein Weiterarbeiten möglich machen würde. In dem Maße, in dem therapeutische Gespräche geführt werden können, wird es möglich, das Thema der ärztlichen Verantwortung ins Gespräch zu bringen. Es wird schließlich vereinbart, daß unabhängig vom Ausgang der Therapie die kassenärztliche Zulassung zurückgegeben und die Berentung eingeleitet werden soll. Danach kann überhaupt erst eine Therapie im engeren Sinne begonnen werden.

Nach der Entlassung kommt es zu verschiedenen kleineren Rückfällen mit Tabletten, aber auch Alkohol, wobei diese jeweils nur einmalige Ereignisse bleiben. Dabei bleibt es wohl deshalb, weil die Scham über diese Fehltritte so groß ist, daß aus schlechtem Gewissen und der Vaterübertragung (autoritärer Vater) heraus sofort dem Therapeuten oder der Ehefrau das Versagen als Übeltat gebeichtet wird, fast so, als hätte man es noch mit einem vorpubertären Schulknaben zu tun.
Man sieht, daß die Abstinenz dieses Patienten zunächst nicht zustande kam und aufrecht erhalten wurde durch eine geglückte therapeutische Durcharbeitung der zugrundliegenden Angst- und Versagenssymptomatik in Zusammenhang mit seinem autoritären und, wie sich später

herausstellte, ebenfalls tablettenabhängigen Vater. Es war für ihn vielmehr notwendig, weiterhin zumindest vorübergehend stützenden Gebrauch von den vorhandenen neurotischen Grundstrukturen zu machen, indem zunächst die Angst vor Liebesentzug oder gar Strafe des Therapeuten eigentliches Agens der Abstinenz wurde. Später konnten weitere therapeutische Schritte unternommen werden, die allerdings bei weitem noch nicht an das im allgemeinen erstrebte Ziel der freudvollen, lebendigen »Trockenheit« heranreichten. Erst nach einer längeren Phase der Abstinenz konnten durch eine Reihe von ihm entfalteter Aktivitäten wie Sport und Weiterbildung auch diese Gesichtspunkte stärker in den Vordergrund treten.
Interessanterweise kam es durch die Entwicklung des Ehemannes und die insgesamt neue Konstellation, die durch das Erwachsenwerden und den Auszug der Kinder enstanden ist, bei der Ehefrau zu einem depressiven Zusammenbruch, der therapeutisch erhebliche Probleme aufwarf, dem Ehemann aber Gelegenheit gab, sich erstmals als haltgebende Stütze zu bewähren.

Im vorliegenden Beispiel wird zweierlei deutlich. Die hier berichteten Rückfälle werden aufgrund eines stark ausgeprägten Schuldbewußtseins rasch »gebeichtet«, somit dem Gespräch zugeführt und zum Stillstand gebracht. Sie stehen somit exemplarisch für unsere Auffassung, daß es nach dem anfänglichen Wiedertrinken nicht notgedrungen zum Kontrollverlust oder völligen »Absturz« kommen muß. Zum zweiten kommt es zu unerfreulichen Symptomentwicklungen bei der Ehefrau – ein Phänomen, das zuvor schon als »systemischer Rückfall« benannt worden ist. Der Patient trinkt keinen Alkohol mehr, und gerade dadurch sieht sich die Frau wichtiger Verantwortlichkeiten entledigt. Die Abstinenz und die damit einhergehenden Veränderungen ihres Mannes gehen sozusagen auf ihre Kosten, sie »zahlt« mit einem Rückfall in »ihre« Depressionen. Das (labile) frühere Beziehungsgleichgewicht hat sich durch die Abstinenz des Mannes verändert, ohne daß es der Frau durch andere Mittel als durch Depressionen möglich wäre, diesem »Zuviel an Veränderung« gegenzusteuern. Es läßt sich spekulieren, daß es der puritanische Lebenshintergrund der Frau ist, der es ihr erschwert, sich auf die neue Situation einzustellen. Nachdem sie nämlich ihrer Sorgen bezüglich des Mannes ledig ist, könnte sie ihr Leben ohne finanzielle und sonstige Sorgen genießen – was bei dem eher genußfeindlichen Glaubenshintergrund eine persönliche Bedrohung ihrer grundlegenden Lebensphilosophie bedeutet.

Rückfälle bei zwei neuverliebten alkoholabhängigen Partnern

Besonders aussichtslos wirken oftmals Beziehungen, die sich während einer Entgiftungs- oder Entwöhnungsbehandlung entwickeln. Unabhängig davon, wie die Einrichtung auf solche Ereignisse reagiert (Entlassung, Verlegung, Auf- und Durcharbeitung usw.), entwickeln sich sehr komplizierte Wechselspiele zwischen »Trockenheit« und Rückfall unter den Beteiligten. Etwa: Der Mann ist gerade in der Klinik auf dem Weg zur Stabilisierung seiner Abstinenz, seine Partnerin lebt draußen noch »naß« – anschließend erfolgt ein Rollentausch usw.

Gelegentlich geht man so vor, daß man beide Süchtige in der gleichen Einrichtung weiterbehandelt, auch wenn sie eine Beziehung miteinander aufgenommen haben (»pairing«). Dieses Verfahren führt nicht selten zu Mißerfolgen, wie an folgendem Beispiel abzulesen ist.

Im Rahmen einer lange andauernden tagesklinischen Therapie arbeitet sich eine abhängige Patientin, die sich einiges auf ihr Aussehen zugute hält, zur Trennung von ihrem bisherigen Partner durch. Das geschieht unter der wohlwollenden »Assistenz« anderer, männlicher Gruppenteilnehmer, die nach Vollzug der Trennung nun allerdings ihrerseits mit unterschiedlichen Voraussetzungen in den Startlöchern sitzen. Einem gelingt tatsächlich die »Eroberung«, bedauerlicherweise mit dem

Ergebnis, daß wechselweise sie, er oder beide rückfällig werden und im Grunde dadurch noch weiter »herunterkommen« als vor der Therapie.

Viele altgediente SuchttherapeutInnen sehen sich in einem solchen Fall in ihrer Auffassung bestätigt, daß man Verliebte nicht (auch nicht getrennt) behandeln kann. Sie plädieren deshalb dafür, jeder sich in Richtung Paarbildung anbahnenden Tendenz einen Riegel vorzuschieben, notfalls durch Entlassung. Unberücksichtigt bleibt dabei zumeist, daß auf diesem Wege mit nicht gerade geringer Wahrscheinlichkeit *beide* Partner rückfällig werden und daß man dadurch außerdem jede therapeutische Einwirkungsmöglichkeit auf die weitere Entwicklung verliert. Andererseits ist unstrittig, daß es Beziehungen gibt, die derartig destruktiv verlaufen, daß weder die Entlassung noch die beabsichtigte therapeutische Aufarbeitung Aussicht auf Erfolg bieten. Das Vertrackte ist, daß man dies erst dann feststellen kann, wenn es auch für jedermann ersichtlich ist.

Das folgende Beispiel zeigt, daß zumindest nicht *jede* Partnerschaft zwischen zwei abhängigen Menschen notgedrungen im Rückfall enden muß.

Heide NULLMEYER (1980) schildert in *Ich heiße Erika und bin Alkoholikerin*, wie sich zwei süchtige Partner, Fritz und Erika, während einer Entwöhnungsbehandlung kennengelernt haben und entgegen allen Unkenrufen danach zusammengezogen sind. Kommentar des Chefarztes: „Das ist, als würden zwei Nichtschwimmer in die Weser springen." Doch es war schließlich für beide eine gute Entscheidung, auch (oder gerade?) wenn in der Darstellung deutlich wird, daß es für beide gleichwohl kein leichter Prozeß war. Fritz hatte aufgrund großer Ängste zunächst die Idee, durch Rückfälligkeit die Beziehung meiden zu können, da durch das Zusammenziehen seine Impotenz hätte offenbar werden können. Dadurch, daß beide über dieses Problem sprachen, wurden auch Erikas Befürchtungen, gegebenfalls wieder nur als Sexualobjekt mißbraucht zu werden, deutlich, wodurch es in diesem Punkt offenbar zu einer günstigen Fügung kam, und: „Wir haben dann so lange weitergeübt, bis Stefan unterwegs war".

Es kommen in der Beschreibung des Werdegangs von Erika und Fritz noch weitere Rückfallklippen zur Sprache, unter anderem Erikas Schwierigkeiten, sich in den Gruppen der Anonymen Alkoholiker(Innen) tatsächlich als Alkoholikerin zu bekennen, oder die Nöte, die auftraten, bis sie ihr nur durch einjährige – bei ihr krampfhafte – Abstinenz zu erlangendes Zwischenziel, ihre ins Heim verbrachten Kinder zurückzuerhalten, erreicht hatte.

Dieses Beispiel weist einen möglichen Weg, wie man zukünftig bei Pairing vielleicht konstruktiver als bislang mit dem Paar umgehen und damit auch Rückfälle auffangen könnte: Das Pairing ausdrücklich zu würdigen, um auf dieser Basis beiden Personen zu verhelfen, die Beziehung zufriedenstellend zu leben und auch längerfristig zum Wohle beider Partner zu gestalten (z.B. gemeinsame Konfliktlösemöglichkeiten zu verbessern; vgl. LINDENMEYER, 1991).

13 Die Zeit nach der Entlassung

Die Zeit nach der Entlassung ist für viele Alkoholabhängige eine besonders schwierige und kritische Periode (vgl. KÜFNER, 1991). Der nüchterne Alltag wird bewußt erlebbar, bislang gemiedene Probleme werden wieder sicht- und spürbar (z.B. die Schuldenlast), und in vielerlei Hinsicht sind folgenreiche Entscheidungen gefragt (z.B. hinsichtlich Freundeskreis, Freizeitgestaltung, Umgang mit Arbeitslosigkeit bzw. Arbeitsbelastungen usw.).

Stellt die Situation nach der Entlassung die Abhängigen also ohnehin auf eine besondere Belastungsprobe, so ist unmittelbar einleuchtend, daß bereits während der stationären Behandlung alles getan werden sollte, um den Einstieg in den Alltag zu erleichtern und Rückfälle zu verhindern. Im Grunde genommen heißt es wohl in diesem Buch, Eulen nach Athen zu tragen, wenn wir SuchttherapeutInnen darauf hinweisen, daß unzulängliche Entlassungsvorbereitungen einen Rückfall wahrscheinlicher machen. Dazu kann zählen, daß eine mehrmonatige intensive psychotherapeutische Behandlung mit einer abrupten Entlassung endet (auch einer disziplinarischen Entlassung), daß man das soziale und berufliche Umfeld der solcherart Therapierten gar nicht miteinbezogen bzw. kennengelernt hat, und daß fernab vom Wohnort durchgeführte Behandlungen solche Entlassungsvorbereitungen sehr schwierig, wenn nicht unmöglich machen.

Ein Beispiel:
Andreas A. stammt aus einer Familie, in der alle fünf Söhne entweder »nur« psychisch krank oder psychisch krank und inzwischen alkoholabhängig sind. Eine Entlassung nach einer notwendig gewordenen Entgiftung eines dieser Söhne nach Hause führt automatisch zu dessen Rückfälligkeit, was den Betreffenden selbst auch einleuchtet. Deshalb wird von ihnen gelegentlich zaghaft der Wunsch vorgetragen, längerfristig einmal außerhalb ihres Elternhauses behandelt zu werden. Dem kommt bisher grundsätzlich die Mutter zuvor, so daß der Kreislauf innerhalb dieser Familie zwischen gemeinsamem Trinken und Entgiftungsaufenthalten in der Klinik fortgesetzt wird.

In diesem Beispiel gehörte zur angemessenen Behandlung und Entlassungsvorbereitung, sich einen Einblick in die soziale Lebenssituation von Andreas A. zu verschaffen, die Mutter so weit wie möglich in Gespräche miteinzubeziehen und neue Perspektiven für das gemeinsame oder aber getrennte Wohnen zu erarbeiten.

Wir müssen an dieser Stelle allerdings feststellen, daß es weniger die unzulänglichen Entlassungsvorbereitungen durch die BehandlerInnen sind, die einem raschen Rückfall Tür und Tor öffnen, sondern vielmehr strukturell-gesellschaftliche Probleme vor allem in großstädtischen Regionen, die zu, sozialpsychiatrisch betrachtet, verwerflichen Umständen zum Entlassungszeitpunkt führen. Noch vor zehn Jahren wurde gefordert, daß kein Patient (ob alkoholabhängig, schizophren oder persönlichkeitsgestört) ohne Unterkunft, Arbeitsstelle und Nachsorgeeinrichtung entlassen werden dürfe. Mußte man bereits damals bezüglich der Arbeitsstelle Abstriche von dieser Doktrin machen, so mittlerweile bei einer Vielzahl von PatientInnen auch hinsichtlich der Wohnsituation, ganz zu schweigen davon, daß bei Alkoholabhängigen die Frage der alkoholbezogenen Nachsorge schon immer diejenige war, die am schwierigsten zu regeln war. Insbesondere im Wohnbereich ist die Situation für die aus dem psychiatrischen Versorgungsbereich zu entlassenden PatientInnen teilweise so mißlich, daß sie oftmals nicht einmal mehr in ein den erneuten Alkoholkonsum förderndes »Obdachlosenasyl« entlassen werden können, sondern schlichtweg in die Obdachlosigkeit gelangen.

Bedauerlicherweise muß darüber hinaus festgestellt werden, daß auch der bestehende Aufnahmedruck in psychiatrischen Kliniken und die durch die Krankenkassen mehr oder weniger vorgeschriebene kurze Verweildauer bei Entgiftungen den Erfordernissen einer umfassenden Entlassungsvorbereitung entgegenlaufen.

Zu den besonders negativen Beispielen geradezu zwangsläufiger Anbahnung von Rückfälligkeit gehören die üblichen Entgiftungsbehandlungen, denen keine nahtlose Entwöhnungstherapie angeschlossen werden darf aufgrund der bestehenden rentenversicherungsrechtlichen Bestimmungen, gemäß derer zwischen Entgiftung und Entwöhnung ein prognoserelevanter Zeitraum »überlebt« werden soll, was insbesondere den PatientInnen nicht gelingt, denen dieses Buch zum großen Teil gewidmet ist. Es nimmt nicht wunder, wenn jemand nach einer Entgiftung, die mit einem mehrtägigen schweren Entzugsyndrom, wenn nicht gar einem Delirium tremens einherging, rückfällig wird, nachem er nur kurz ohne den Einfluß von Medikamenten ist und scheinbar ohne Entzugserscheinungen entlassen wird. Die Wiederaufnahme solcher PatientInnen kann man praktisch vorplanen, selbst dann, wenn sie nicht in eine Nichtseßhaftenunterkunft erfolgt.

Es grenzt bei der oftmals schlechten sozialen Lebenssituation zum Entlassungszeitpunkt manchmal an ein Wunder, daß Alkoholabhängige trotz aller Widrigkeiten die Abstinenz aufrechterhalten können. Das folgende Beispiel steht insofern für die Ausnahme, die gelegentlich die Regel bestätigt.

Ein in der Tagesklinik behandelter Patient wohnt, entgegen allem Anraten seiner MitpatientInnen und TherapeutInnen, weiterhin in einem Haus, in dem praktisch nur Alkoholiker untergebracht sind. Die Stärke, in dieser Situation nicht rückfällig zu werden, nimmt dieser Patient offenbar aus dem trotzigen Triumph, allen Unkenrufen entgegen »trocken« bleiben zu können. Wie um den Gefährdungsmomenten noch eine weitere Komponente aufzusetzten, arbeitet er inzwischen an der Instandsetzung von Kiosken mit, deren erste zumindestens sich dadurch auszeichneten, daß dort überwiegend »Flachmänner« und Bier verkauft werden. Dieser Patient scheint »die Höhle des Löwen« zu benötigen, um (wie lange noch?) »trocken« bleiben zu können. Die Entlassung in ein Nichtseßhaftenwohnheim, Männerwohnheim oder entsprechende andere Wohneinrichtungen läßt üblicherweise keine andere Erwartung als Rückfälligkeit entstehen. Das vorgestellte Beispiel straft diese Erwartung Lügen. Dienten hier die Rückfälle der anderen als Stabilisator der eigenen »Trockenheit«?

14 Rückfallvorbeugung und Rückfallbewältigung

Manche Leserinnnen und Leser mögen nach unseren bisherigen Ausführungen schon leicht resigniert sein und sich fragen, ob „denn da überhaupt noch etwas zu machen sei“, wenn Rückfälle eher an der Tagesordnung sind, und die Abstinenz – falls überhaupt errungen – keineswegs ein so grandioses Ziel sein muß. Dieser Abschnitt soll aufzeigen, daß Pessimismus nicht die richtige Devise ist, denn: Dem Phänomen 'Rückfall' muß man nicht tatenlos gegenüberstehen. Sich anbahnende »Ausrutscher« können durch bestimmte Maßnahmen abgewendet und bereits eingetretene zum Stillstand gebracht werden. Leider fristet jedoch das Thema des Rückfalls oftmals ein Stiefmütterchendasein in Suchtbehandlungen. In vielen Behandlungseinrichtungen findet der Rückfall nur oder überwiegend als ein der Vergangenheit angehörendes, allenfalls noch als ein in der Zukunft bedrohlich in der Luft hängendes Phänomen Beachtung. Es kommt nicht oder zu wenig zur Sprache, wie man auf das – horribile dictu – nahezu sicher eintretende Ereignis zu reagieren haben wird.

Wir wollen im folgenden eine Reihe von Hinweisen für eine offensivere Umgangsweise mit (potentiellen) Rückfällen geben.

Rückfallvorbeugung

Die wirksamste Form der Rückfallvorbeugung ist nach vorliegenden Untersuchungen eine *intensive Nachsorge* im Anschluß an eine alkoholbezogene Behandlung:

- Nach der mehrfach erwähnten Studie des Münchner Max-Planck-Instituts für Psychiatrie (KÜFNER u.a., 1988) geht *regelmäßige*, mindestens vierjährige *Selbsthilfegruppenteilnahme* nach der stationären Entlassung bei Männern mit 71% Abstinenz einher; bei keinem bzw. unregelmäßigem Selbsthilfegruppenanschluß bleiben nur 46% abstinent. Bei Frauen beträgt das Verhältnis 45% (bei regelmäßiger Selbsthilfegruppenteilnahme) zu 35% (bei keinem bzw. unregelmäßigem Selbsthilfegruppenanschluß). Die etablierten Selbsthilfegruppen für Alkoholabhängige sind offenbar bei beiden Geschlechtern zur Rückfallvorbeugung nützlich, die Wirkung ist jedoch bei Männern deutlich stärker als bei Frauen.
- Ebenfalls günstig sehen die Wirkungen von Gruppentherapie aus: 65% derer, die in den ersten 18 Monaten nach Therapieende regelmäßig eine ambulante Therapiegruppe besuchen, sind abstinent, aber nur 36% derer mit unregelmäßiger Teilnahme (KÜFNER u.a., 1986).
- Das erstmalige Auftreten von Rückfällen verhindern Selbsthilfegruppen, ambulante Beratung und Psychotherapie allerdings erst dann wirksam, wenn an ihnen *direkt nach der Entlassung, regelmäßig (z.B. wöchentlich) und über mindestens sechs bis zwölf Monate* teilgenommen wird.
- In Nachsorgegesprächen sollten immer wieder die Gefühle bzw. das Befinden zentrales Thema sein. Denn es gibt vielfältige Anhaltspunkte dafür, daß ein belastender innerer Stimmungszustand ein zentraler Rückfallvorläufer ist (vgl. Kap. 10).

- In der Anfangszeit der Abstinenz (insbesondere im ersten Halbjahr nach einer stationären Therapie) sollten gefährdende Situationen wie etwa Feste, auf denen Alkohol getrunken wird, gemieden werden. Erst später sollte man sich wieder – wenn überhaupt – derartigen Versuchungssituationen aussetzen. Gleichzeitig sollten Kompetenzen erworben werden, um mit Versuchungen zurechtzukommen (z.B. unmißverständlich »nein« zu Trinkangeboten sagen).
- Der eigene Lebensrhythmus sollte ins Gleichgewicht gebracht werden. Das heißt: Man sollte sich nicht zu viel durch Arbeit und andere Verpflichungen abverlangen und dafür sorgen, daß Ruhe, Erholung, Entspannung, Freude und soziale Kontakte im Alltag nicht zu kurz kommen. Gegebenenfalls sollte man sich neue Hobbies zulegen.

Das folgende Beispiel zeigt, daß man mit recht pragmatischen Mitteln Präventionserfolge erzielen kann.

Ein zunächst alkohol- und später zusätzlich spielsüchtiger Hotelier gab auf Anraten eines Internisten seinen Alkoholkonsum auf, ganz einfach so! Keine Selbsthilfegruppe, keine Klinik, gar nichts Therapeutisches! Durch Alkoholabstinenz konnte er seine Spielsucht zähmen und mit Unterstützung seiner zu ihm stehenden Ehefrau sowie mittels Schuldnerberatung seine Schulden regulieren. Als nach zwei Jahren die ersten sichtbaren Erfolge eintraten, wurde er psychotisch und wurde stationär behandelt, u.a. auch medikamentös. Zur Rezidivprophylaxe der Psychose wurden weiterhin niedrig dosierte Neuroleptika verabreicht. Die therapeutische Absprache beinhaltete zusätzlich das Prinzip, daß er jeden Alkohol meiden solle. Trotzdem trank er gelegentlich ein bis drei Gläser Sekt, wenn ihm der berufliche Streß zu groß wurde. Aus dieser Tatsache des zeitweisen, geringfügigen Alkoholkonsums wurde angesichts der Gesamtproblematik »kein Drama gemacht«, obgleich natürlich die Möglichkeit bestand, daß daraus schnell wieder eines hätte werden können. Um dies zu verhindern, wurden relativ *häufig ambulante psychiatrische Kontakte* vereinbart, und zwar selbst dann, wenn die psychotische Symptomatik dies nicht erforderlich machte. Diese Gespräche verhinderten, daß er sich »gehen ließ«, und sie ermöglichten, daß die Ehefrau gelassener mit dem immer wieder einmal vorkommenden Sektkonsum umgehen konnte.

Dieses Beispiel zeigt zum einen auf anschauliche Weise, wie man Rückfällen (selbst bei bestimmten Formen von Psychosen) durch kontinuierliches Kontakthalten „das Wasser abgraben kann". Zum anderen konnte in diesem Fall die Einbeziehung der Ehefrau in die Gespräche ebenfalls zur Rückfallentschärfung beitragen – nicht zuletzt mit Gewinn für die Ehefrau selbst, indem der Mann seine Schulden abarbeitete und sich nicht zu neuen Schulden verleiten ließ.

Rückfallbewältigung

Es ist keineswegs ein leichtes, eingetretene Rückfälle in den Griff zu bekommen. Deshalb ist es natürlich allemal am besten, wenn es erst gar nicht zum Rückfall kommt. Trotzdem sind Rückfälle nun aber einmal eine Tatsache. Wie kann man verhindern, daß ein »erstes Glas« zu einem schweren Rückfall auswuchert? Auch zu dieser Frage gibt es inzwischen einige abgesicherte Erkenntnisse:

- Wird bereits während einer stationären Behandlung gezielt daran gearbeitet, mit jedem Patienten seine persönlichen Rückfallrisiken aufzuspüren und zu bearbeiten (z.B. mittels Rollenspielen), so führt dies dazu, daß ihre zukünftigen Rückfälle kürzer und leichter, d.h. weniger folgenreich, verlaufen.
- Ebenfalls als äußerst sinnvolle Maßnahme zur »Rückfalleindämmung« erweist sich die Teilnahme an Selbsthilfegruppen – zumindest dann, wenn in Selbsthilfegruppen kompetent auf Rückfälle eingegangen wird und keine »Rückfall-Inquisition« stattfindet. Gemäß der Studie des Max-Planck-Instituts (Küfner u.a., 1988) erreichten von den Rückfälligen, die nach einem Rückfall regelmäßig an

Selbsthilfegruppensitzungen teilnahmen, langfristig (im achten Halbjahr nach der Therapie) 56% Abstinenz. Die spätere Abstinenzquote der zunächst Rückfälligen lag bei keiner (oder unregelmäßiger) Selbsthilfegruppenteilnahme dagegen nur bei 30%!
Allerdings waren nur 28% aller Rückfälligen, aber 41% der Abstinenten zu regelmäßiger Selbsthilfegruppenteilnahme bereit. Selbsthilfegruppen werden also nach Rückfälligkeit eher gemieden, obgleich sie gerade für das Wiedererlangen der Abstinenz äußerst hilfreich sind. Dies sollte für Selbsthilfegruppen(verbände) Anlaß sein, darüber nachzudenken, ob die Teilnahme an Selbsthilfegruppen nicht auch für Rückfällige einladender und hilfreicher gestaltet werden könnte.

- Durch die Teilnahme an ambulanten Beratungsgesprächen gemeinsam mit der Partnerin oder dem Partner scheinen eingetretene Rückfälle weniger massiv zu verlaufen.
- Schließlich erweist sich eine intensive, umfassende sozialarbeiterische Nachbetreuung am Wohnort (durch Hilfen bei Wohnungs-, Arbeits- und Schuldenproblemen, Anregungen zur Freizeitgestaltung, stützende Gespräche usw.) als äußerst wirksam, um das »Auswachsen« von Rückfällen zu verhindern.

Unabhängig davon, mit wem die alkoholabhängige Person nach ihrem Rückfall in Kontakt kommt – ob mit Menschen aus der Selbsthilfegruppe, der Beratungsstelle, dem Bekanntenkreis oder dem Hausarzt – wichtig ist es auf jeden Fall, *daß* sie überhaupt Ansprechpartner findet, und daß ihr diese eine schnelle Unterbrechung ihrer Rückfälligkeit ermöglichen. Zu jedem Zeitpunkt ihrer Rückfälligkeit sollte es ihr möglich sein, die entsprechenden Anlaufstellen anzusprechen, ohne daß sie Abwehr oder Resignation („Ach, die schon wieder!“) befürchten müßte. Es geht also darum, daß sie sich, ohne moralische (oder andere) Sanktionen fürchten zu müssen, zur Initiative ermutigt fühlt, um durch Unterstützung den ansonsten oftmals unaufhaltsamen Absturz zu unterbrechen.

Unterstützung in diesem Sinne kann außer von einer undogmatisch arbeitenden Selbsthilfegruppe von der Suchtberatungsstelle oder dem Hausarzt ausgehen, die durch Gespräche das Zustandsbild klären und ggf. eine Wiederaufnahme zur Entgiftung veranlassen können. Über die Entgiftung hinaus kann im Einzelfall eine unmittelbare Weiterbehandlung in einer Tagesklinik sinnvoll sein. Zu begrüßen sind auch sogenannte »Festigungsbehandlungen«, d.h. erneute, kurzzeitig angelegte (teil-)stationäre Entwöhnungstherapien, in deren Mittelpunkt die Rückfallbearbeitung steht.

Wenig hilfreich erscheint es demgegenüber, wenn während einer Behandlung ein Rückfall generell mit einem Beziehungsabbruch »geahndet« wird. Abgesehen davon, daß man dadurch eher zum »Auswachsen« von Rückfällen statt zu deren Verhinderung oder Verkürzung beiträgt (vgl. KÖRKEL, 1991a, 1991b), blockiert oder erschwert eine vorzeitige Behandlungsbeendigung ein tieferes Verständnis für intrapsychische und soziale Problemlagen zu einem Zeitpunkt, zu dem diese besonders offenkundig sind. Dadurch wird versäumt, wesentliche Schritte für die zukünftige Rückfallvorbeugung einzuleiten. Uns erscheint es deshalb angeraten, die vorhandenen Erfahrungen mit stationärer Rückfallarbeit (vgl. KÖRKEL, 1991a, 1991b; KRUSE & SIEVERS, 1987; WOHLFARTH, 1991a) zu nutzen und davon ausgehend vor Ort konstruktive Vorgehensweisen für die Aufarbeitung von Rückfällen zu entwickeln.

15 Rückfälle sind Entwicklungschancen

Im diesem Kapitel möchten wir unter dem Gesichtspunkt »Rückfall als Chance« eine Reihe von Überlegungen anstellen, die zunächst einmal vielleicht merkwürdig erscheinen mögen. Wir hoffen, daß wir mit diesen Gedankengängen dazu beitragen können, die pauschal negative Wertung von Rückfällen zu relativieren und Rückfälle als mögliche Startpunkte für positive Entwicklungen zu betrachten (vgl. auch Körkel, 1991c, 1991d).

Chance 1: Akzeptieren der eigenen Abhängigkeit

Ein erheblicher Teil der PatientInnen, der wegen einer Alkoholproblematik in Behandlung kommt, ist der festen Überzeugung, nicht abhängig zu sein. Er lebt im Glauben, jederzeit mit dem Trinken aufhören zu können, wenn er nur richtig will. Gerade bei denjenigen, die zum ersten Mal während einer Motivations- oder Entwöhnungsbehandlung mit ihrer Alkoholproblematik konfrontiert werden, ist die »Illusion der Kontrollierbarkeit« oftmals auch nicht am Schluß derselben hinreichend ins Wanken geraten. So stellten zum Beispiel Matakas, Berger, Koester und Legnaro (1984) fest, „daß immerhin zwei Fünftel der Patienten die Klinik bereits ohne den Vorsatz verließen, in Zukunft abstinent zu bleiben, der Rückfall also von vornherein bei ihnen vorprogrammiert ist.“ (S.95). Und an anderer Stelle: „40,6% der Patienten haben ... nicht aus einer besonderen Stimmungslage heraus wieder Alkohol getrunken, sondern waren von vornherein der Auffassung, Abstinenz sei für sie gar nicht notwendig.“ (a.a.O., S.92)

So war es auch bei Lothar R., einem 55jährigen selbständigen Unternehmer, der tagaus tagein Alkohol konsumierte und sich an den Wochenenden Trinkexzessen hingab. Er kam nur deshalb mit der psychiatrischen Ambulanz in Kontakt, weil sich seine Frau dort in Behandlung befand. Die Behandlungsbedürftigkeit der Frau ergab sich u.a. aus den Belastungen, die für sie durch den exzessiven Alkoholkonsum ihres Ehemannes entstanden waren. Im Rahmen von Ehepaargesprächen wurde er darauf aufmerksam gemacht, daß er sich selbst mit seinem Trinkverhalten körperlich und geistig gefährde wie auch die familiäre Zukunft unweigerlich zerstöre, und daß er am besten eine Entgiftungs- und Entwöhnungsbehandlung durchlaufen solle. Dies lehnte er entrüstet ab. Er sehe zwar, daß er sicherlich alkoholgefährdet sei, er habe aber alles noch im Griff. Dies werde er dadurch beweisen, daß er ab jetzt nur noch freitags und samstags Alkohol konsumiere. Dies gelang ihm tatsächlich über mehrere Monate hinweg, bis es in einer Phase besonderer beruflicher Belastung zu mehreren heftigen Trunkenheiten mit Unfallfolgen kam. Diese waren der letzte Anstoß dafür, sich zunächst einmal einer Entgiftungs- und Motivationsbehandlung zu unterziehen.

Trinkexzesse wie bei Lothar R., die eindeutig dem selbstgesetzten Mäßigungsziel widersprechen, oder Rückfälle nach längeren Abstinenzperioden können erfahrbar machen, daß man sich bislang stets etwas vorgemacht hat. Rückfälle können in diesem Sinne dazu beitragen, die Verleugnung der eigenen Abhängigkeit abzubauen und den Ernst der Lage zu erkennen. Nicht wenige Abhängige fangen erst nach einem und durch einen Rückfall an zu akzeptieren, daß sie alkoholabhängig sind. Meist gelingt es ihnen erst danach, sich in ihrem Lebensalltag auf die eigene Abhängigkeit einzustellen.

Chance 2: Hinwendung zu bislang nicht berücksichtigten Problembereichen

Das folgende Beispiel (nach KOEPCKE, 1991) illustriert, daß Rückfälle auf Problembereiche aufmerksam machen können, die bislang vernachlässigt worden sind.

Frau K. ist 30 Jahre alt und arbeitet im Büro einer metallverarbeitenden Firma. Seit ihrem 13. Lebensjahr konsumiert sie Alkohol. Mit 23 Jahren unterzieht sie sich einer Entgiftung, nachdem ihr Tagesablauf fast nur noch auf den heimlichen Konsum von Alkohol ausgerichtet ist und sie dies sehr belastet. Mit Hilfe der Lebensprinzipien ihrer Selbsthilfegruppe, der sie sich gleich nach ihrer Entgiftung angeschlossen hat, gelingt es ihr, fünf Jahre abstinent zu leben und sich in dieser Zeit auch aus ihrer sozialen Isolation herauszubegeben. Gleichwohl kann Frau K. nicht auf einmal alle ihre grundlegenden Lebensmuster von sich abschütteln, und sie lebt in einem Zustand, den sie im Nachhinein als »gezwungene Trockenheit« bezeichnet. Weiterhin setzt sie sich nämlich selbst mit massiven Leistungsansprüchen unter Druck: „Mir selbst einzugestehen, daß ich mal etwas nicht schaffe, kommt mir geradezu irreal vor." Zudem hat sie – aus einem ausgeprägten Harmoniebedürfnis heraus – eine starke Tendenz, es anderen Recht zu machen und nicht nein zu sagen, wenn ihr etwas zu viel wird. Dies führt dazu, daß sich Frau K. mit Arbeit, Sport und Selbsthilfegruppenaktivitäten (sie ist seit längerer Zeit Gruppenleiterin) auszehrt und trotzdem ihren Ansprüchen, was sie noch alles tun müßte, hinterherhinkt. Dieser Zwiespalt eskaliert auf einem Fortbildungslehrgang ihres Arbeitgebers, auf dem sie sich absolut überfordert fühlt, ihn abzubrechen sich gleichwohl selbst nicht zugestehen kann. Kurz darauf, direkt nach einem Autounfall, spitzt sich ihre innere Anspannung zu, und sie trinkt noch am selben Abend enorme Mengen Alkohol. Nachträglich kommentiert sie das folgendermaßen: „Ich konnte mich nun endlich mal fallenlassen und mußte einmal nicht meinen eigenen Erwartungen entsprechen, immer die Starke zu sein."
Ein zweiter Rückfall im Abstand von 14 Tagen führt sie zu dem Entschluß, eine Langzeittherapie in einer Fachklinik zu beginnen. Dort nutzt Frau K. die Chance, sich ihre zuvor genannten strapaziösen Le-

bensmuster, die offenbar entscheidend zu ihrem Rückfall beigetragen haben, bewußt zu machen und sich damit auseinanderzusetzen. Ihr wird klar, daß sie sich in den zurückliegenden Jahren viel »geblendet« hat. „Ich erkannte, daß mich mein übergroßes Harmonie-Bedürfnis zu einer unkritischen 'Ja-Sagerin' werden ließ. In Konfliktsituationen habe ich zwar nicht getrunken, ordnete mich dafür aber ständig unter. Eigene Wünsche und Bedürfnisse sprach ich weder aus, noch gestand ich sie mir selbst ein ... Unmittelbar nach meinem Rückfall hatte ich die Leute für vollkommen verrückt gehalten, die andeuteten, daß ich den Rückfall vielleicht brauchte. Heute kann ich mich dem anschließen und sehe ihn als Chance für meine Entwicklung an. Ich bin der Überzeugung, daß der Rückfall, der mich tief verletzt hat, mir letztendlich auch am meisten geholfen hat."

Viele Abhängige – wie auch Frau K. – sind mit der Abstinenz, die sie errungen haben, zumindest in der ersten Zeit durchaus zufrieden. Zum Teil sind sie beschäftigt genug mit dem Bemühen, einen Rückfall zu vermeiden, zum Teil gehen sie aus eben diesem Grunde vollends in der Gemeinschaft einer Selbsthilfegruppe auf. Manche stellen fest, daß es ihnen besser als vermutet gelingt, von Alkohol und Medikamenten Abstand zu halten. Daneben erleben sie aber überdeutlich, daß ihr Leben allein durch den Wegfall des Alkohols nicht automatisch problemfrei geworden ist bzw. daß die Hintergründe, die sie immer wieder zur Flasche haben greifen lassen, fortbestehen: massive Ängste, Depressionen, Verzweiflung, Leere, Hoffnungslosigkeit, innere Konflikte, permanente Selbstüberforderungen u.a.m. Oft treten derartige Zustände im Laufe der Abstinenz verstärkt zutage, weil sie unter dem Alkoholeinfluß verborgen geblieben waren (vgl. Kap. 8). Erst der Rückfall hat Frau K. im angeführten Beispielfall bewußt gemacht, was in ihrem Leben eine Belastung darstellt und was sie davon bislang nicht zufriedenstellend gelöst bzw. akzeptiert hat – entgegen ihrer Wunschvorstellung, »alles im Griff zu haben«. Rückfälle bieten somit die Chance, das, was bislang konflikthaft und verborgen war, aufzuspüren, durchschaubar zu machen und Möglichkeiten zu erarbeiten, diese Konfliktbereiche ohne Alkohol zu bewältigen. Der Rückfall kann vielen Abhängigen in diesem Sinne geradezu als 'Schlüssel zur Sucht' (PERNHAUPT, 1985) dienen.

Manchen Abhängigen gelingt es, nach Erreichen der Abstinenz die fortbestehenden oder wieder aufkeimenden Lebensschwierigkeiten über eine Psychotherapie offensiv anzugehen. Dieser Weg ist nicht einfach, weil einerseits das Aufsuchen eines Therapeuten vielfach noch als Makel gilt und andererseits viele Psychotherapeuten mit Suchtkranken, selbst wenn diese abstinent leben, nicht gerne arbeiten – es sei denn, sie würden positiv anregende Erfahrungen machen, wie es im folgenden Fall möglich war:

Eine alkoholabhängige Lehrerin hat eine mehrwöchige Entwöhnungstherapie durchlaufen und geht wieder – genauso freudlos und überfordert wie früher – ihrem Beruf nach. Zwei Jahre hält dieser kräftezehrende, zum Teil quälende Zustand an. Die tröstenden Worte von anderen Suchterfahrenen, daß sie alle ein solches Stadium durchgemacht hätten, führen bei ihr nur kurzzeitig zu mehr Gelassenheit. In diesen zwei Jahren der Abstinenz wachsen ihre Unzufriedenheit und schließlich auch ihr Entschluß, so nicht weiterleben zu wollen, und sich entweder mit der Flasche wieder zu vitaleren Gefühlen zu verhelfen oder zu diesem Zweck eine Psychotherapie anzustreben. Nach einigem Suchen findet sie tatsächlich einen Therapeuten. Beide gewinnen nach geraumer Zeit den Eindruck, daß sie schwungvoller, lebensbejahender und ihren Gefühlen zugänglicher wurde. Das in Aussicht stehende Ende der Behandlung und der Tod ihres Vaters führen zu einem schweren Rückfall über einige Wochen, der dann aber kurzfristig stationär aufgefangen werden kann.

Die Aufarbeitung des Rückfalls öffnet ihr (und dem Therapeuten) die Augen, daß noch nicht alles Gold war, was da glänzte. Es wird nämlich deutlich, daß sie noch in einem hohen Maße vom Wohlwollen und der Zuwendung einzelner Personen (Therapeut, Vater, Freund, Freundin, Rektor) abhängig geblieben ist, und daß sie ihnen zuliebe abstinent geblieben war, um sie nicht zu enttäuschen und deren Zuneigung nicht zu verlieren. Mit dieser sich einstellenden Erkenntnis und deren emotionaler Durcharbeitung erwachsen der Patientin die Kraft und das Durchsetzungsvermögen, ihre gesamte persönliche und berufliche Situation auf eine neue Basis zu stellen (Trennung vom Freund, Kündigung), was ihr in der vorher laufenden Behandlung als Problembereich verschlossen geblieben war.

Auch an diesem Beispiel wird zum einen ersichtlich, daß viele Alkoholabhängige erneut trinken, um sich damit (keineswegs immer bewußt) in einen erträglicheren Gefühlszustand zu versetzen. Zum anderen wird daran deutlich, wie mühsam es sein kann, einen Rückfall einschließend, sich neue Wege zu erarbeiten, um die Belastungen des Lebensalltags ohne Alkohol zu meistern. Es ist eben keine leichte Sache, Lösungsmöglichkeiten für Probleme zu entwickeln, wenn die Flucht in den Alkohol zu einer tausende von Malen eingefleischten Gewohnheit geworden ist.

Daß es allerdings sehr wohl möglich ist, nach einem Rückfall auch bei eingefahrenem Verhalten neue Perspektiven zu entwickeln, zeigt das folgende Beispiel (nach KÖRKEL & WOHLFARTH, 1992, S. 44f):

Hans J., ein selbständiger, 44jähriger Schreiner und Vater einer Familie mit zwei Kindern, wird zwei Jahre nach seiner stationären Alkoholentwöhnungsbehandlung rückfällig. Zur Vermeidung eines »Auswachsens« des zunächst leichten Rückfalls folgt er der Empfehlung seines Beraters zu einer vierwöchigen Festigungsbehandlung. Durch die dortigen Gespräche wird ihm nach und nach klar, daß er sich in den vergangenen Jahren in vielem etwas vorgemacht hatte. Er hatte sich einzureden versucht, ihm müsse es doch gutgehen, weil er jetzt »trokken« sei. Dabei verleugnete er neben manchen weiterhin bestehenden Problemen vor allem, daß die Arbeit für ihn eine Art »Ersatzdroge« geworden war und daß er sich selbst mehr denn je mit perfektionistischen Ansprüchen gequält hatte. Alles sollte hundertprozentig klappen; er wollte das alte Bild des »verlotterten Säufers Hans« total auslöschen und durch das Gegenteil ersetzen.
Seine Frau berichtet im Angehörigenseminar unter Tränen, daß zu

Hause nur noch die Arbeit im Vordergrund stehe und ihr Mann auch sie und die Kinder durch sein Leistungsdenken tyrannisiere. Der Rückfall scheint, wie sich in den Gesprächen herausstellt, eine verborgene Gegentendenz auszudrücken: den Wunsch, sich Zwanglosigkeit und Unbeschwertheit zu gönnen und Entlastung von den eigenen Ansprüchen zu finden.

Am Ende seiner vier Wochen trifft Herr J. eine Reihe von wichtigen Entscheidungen. Er entschließt sich unter anderem, einen langen Sommerurlaub mit der Familie zu buchen, zwei Vereinsposten abzugeben, eine Hilfskraft einzustellen und grundsätzlich keine Wochenendarbeit mehr anzunehmen. „Diesen Rückfall habe ich anscheinend gebraucht", sagt er im Abschlußgespräch.

Chance 3: Weniger Selbstzerstörung bei andauernden und/oder wiederkehrenden Belastungen

Eine Vielzahl von unangenehmen Stimmungszuständen und belastenden Lebenssituationen ist für die meisten Menschen nicht grundsätzlich und für alle Zeit aus der Welt zu schaffen. Dazu gehören etwa wiederkehrende Depressionen, Gefühle der Wertlosigkeit, Arbeits- und/oder Wohnsitzlosigkeit, erhebliche Schuldenbelastungen, ein entstellendes Äußeres (ob angeboren oder erworben, ob tatsächlich vorhanden oder subjektiv empfunden) u.a.m.. Realistischerweise ist davon auszugehen, daß insbesondere diejenigen Abhängigen, die in einem Zustand permanenter Trostlosigkeit leben, hier und da wieder einmal oder auch die überwiegende Zeit zum »Trostspender Alkohol« greifen. Man sollte ohne Sentimentalitäten eingestehen, daß der Alkohol Menschen in dieser Lebenslage zumindest ein Minimum an Abstand von Dauerbelastungen und Belastungsspitzen verschafft.

Trotzdem kann auch bei diesen Personen manchmal erreicht werden, daß sie sich nach Rückfällen nicht endgültig »fallen lassen«, sondern – um Schlimmeres zu verhindern – sich Unterstützung holen, so daß es nicht zu dauerhaft schwerer Rückfälligkeit kommt. Das folgende Beispiel verdeutlicht dies.

Der inzwischen 50jährige Patient ist manifester Alkoholiker seit 20 Jahren. In den zurückliegenden 15 Jahren war er mehr als 50 mal notfallmäßig oder zur Entgiftung in verschiedene Kliniken aufgenommen worden. Entwöhnungsbehandlungen blieben bereits im Ansatz stecken. Er lebt in einem Zimmer innerhalb eines Hauses, das nur von Alkoholikern bewohnt wird. Problembewußtsein, wie es so schön heißt, hat er bisher nicht entwickelt, auch körperliche Schädigungen und Krampfanfälle haben dies nicht bewirken können, noch viel weniger die therapeutischen Bemühungen. Wenn er nach der Aufnahme aus dem Gröbsten heraus ist, was unterschiedlich schnell der Fall ist, steht er freundlich, etwas katzbuckelnd auf der Station, freut sich des Lebens und möchte alsbald entlassen werden, um, wie er achselzuckend einräumt, so weiterzumachen wie bisher. In letzter Zeit kommt er häufiger als früher zur Aufnahme, weniger aus medizinischer Indikation als aus der Erkenntnis, daß er sich nicht ganz absacken lassen darf. Paradoxerweise läßt er sich zuvor zwar vollends vollaufen, aber immer nur dann und so weit, daß die Einweisung gesichert ist. Das momentane therapeutische Ziel ist – mitunter bereits auch für ihn selbst – die Wohnsituation zu ändern, eventuell in ein Heim zu ziehen, das für chronische (abgebaute) Alkoholiker geplant wird. Dies wäre sicher eine lebensverlängernde Maßnahme – nicht mehr und nicht weniger.

Die Chance einer derartigen Haltung in bezug auf Rückfälle besteht darin, daß Abhängige Gespür für eigene Rückfallverläufe entwickeln und frühzeitig etwas gegen ein Auswachsen des Rückfalls unternehmen, statt sich aufzugeben. Auch wenn Rückfälle zu einem wiederkehrenden Teil des eigenen Lebensrhythmus geworden sind, soll die skizzierte »akzeptierende Rückfallarbeit« zu keinem apathischen Hinnehmen von Rückfällen verführen. Es ist durchaus möglich, daß kritische Rückfallauslöser auch einmal überwunden werden. Die beste Gewähr dafür scheint allemal zu sein, sich nach Rückfällen deutlicher als bisher der Klippen des Lebensalltags (z.B. depressiver Zustände) bewußt zu werden und Rückfälle, wenn sie nun einmal auftreten, nicht mit Scham und Selbstverachtung zu »verarbeiten«.

Chance 4: Sich als BehandlerIn mit eigenen »blinden Flecken« auseinanderzusetzen

Das folgende Beispiel (in Anlehnung an GEHRING & HERDER, 1991, S. 65 ff.) soll verdeutlichen, daß Rückfälle auch für MitarbeiterInnen im Suchtbereich Chancen beinhalten können.

Herr L. ist in seiner Firma mit einer Alkoholfahne aufgefallen und verwarnt worden. Aus Angst davor, seinen Arbeitsplatz zu verlieren, hat er sich auf Anraten der betrieblichen Suchtkrankenhelferin zu einer stationären Entwöhnungsbehandlung entschlossen. Er selbst ist der Meinung, kein Alkoholproblem zu haben. Den therapeutischen Angeboten steht er sehr skeptisch gegenüber; vor allem sieht er für sich keinen Sinn darin, in der Gruppe über Probleme zu reden.
Der für Herrn L. zuständige Therapeut, Herr H., arbeitet seit sieben Monaten in der Entwöhnungseinrichtung. Er ist Sozialarbeiter und stolz darauf, als Therapeut tätig zu sein. Aufgrund seiner Überzeugung, daß Herr L. abhängig ist, bemüht er sich, Herrn L. zu motivieren, Vertrauen aufzubauen und Krankheitseinsicht zu entwickeln.
Bei einem Paargespräch (Herr H. hatte ihn mit sanftem Druck dazu überredet) schildert die Ehefrau mit großer emotionaler Betroffenheit ihre Erlebnisse mit dem alkoholisierten Ehemann und macht deutlich, daß sie eine Scheidung in Erwägung zieht. Herrn L.s Widerstand bricht zusammen. Er gibt zu, selbst schon zu wissen, daß er Alkoholprobleme habe, und er beteuert, alles tun zu wollen, um sein Problem in den Griff zu bekommen. Der Therapeut H. ist erleichtert über diese Einsicht und insgeheim stolz auf sich und seine Bemühungen.
In der nun folgenden Krise unterstützt er Herrn L. durch zusätzliche Einzelgespräche. In einer Phase, in der er Herrn L. für abbruchgefährdet hält, führt er diese auch schon mal nach Dienstschluß. Sein großer Einsatz wird belohnt: Herr L. stabilisiert sich zunehmend. Er arbeitet zudem aktiv in der Gruppe mit, kümmert sich um neue Patienten,

konfrontiert Uneinsichtige aus seiner eigenen Erfahrung heraus. Als Herr L. eine Sondergenehmigung für eine Heimfahrt beantragt, setzt Herr H. diese gegen die Bedenken anderer im Team durch.
Während dieser Beurlaubung wird Herr L. rückfällig. Herr H. ist fassungslos: das hatte er nicht erwartet. Gleichzeitig ärgert er sich insgeheim über die Undankbarkeit von Herrn L. Dafür hatte er sich so eingesetzt! Alle Anstrengungen vergebens! Nach und nach schleichen sich Zweifel ein: Hatte er etwas falsch gemacht? Etwas übersehen? Eine falsche Entscheidung getroffen? Was mögen die Kollegen jetzt denken? War er überhaupt für die Arbeit im Suchtbereich geeignet? In der nächsten Zeit empfand er Widerwillen gegenüber der Arbeit und er fühlte sich seiner Aufgabe nicht mehr gewachsen.
Therapeut H. hat sich für Herrn L. sehr engagiert. Seine enormen Bemühungen, für die er sogar seine Freizeit opfert, werden aber von Herrn H. nicht honoriert. Herr H. erlebt den Rückfall von Herrn L. als persönliche »Niederlage«. Die schmerzliche Erfahrung, daß Suchtarbeit keine Sache raschen und andauernden Erfolgs ist, führt bei ihm zu einer tiefen Verunsicherung über seine Arbeit mit Abhängigen.
In der Supervision und in Gesprächen mit erfahrenen Kollegen kann Herr H. die Chance nutzen, sich anhand des Rückfalls von Herrn L. mit seinen eigenen »blinden Flecken« auseinanderzusetzen:
Er war »blind« dafür, daß die Fortschritte, die der alkoholabhängige Herr L. machte, für ihn selbst persönlich wichtig waren; sie waren für ihn eine Bestätigung seiner eigenen Fortschritte als »Supertherapeut«. Sein Überengagement diente nicht einfach dem Wohl des Patienten, sondern auch der Befriedigung seines Wunsches nach persönlicher Bestätigung. Hinter seinen »Retter-Phantasien« stand das Bedürfnis, von »Schwächeren« gebraucht zu werden, für diese wichtig zu sein.

Chance 5: Rückfälle als Ansatzpunkte, die Behandlung auf eine realistischere Grundlage zu stellen

Über die oben genannten persönlichen Klärungsprozesse hinaus können Rückfälle BehandlerInnen dazu verhelfen, die Behandlung auf die aktuellen Möglichkeiten der PatientInnen abzustimmen und diese zu fördern, anstatt sie zu überfordern.

Das konnte schließlich auch in dem zuvor geschilderten Beispielfall erreicht werden (vgl. GEHRING & HERDER, 1991). Der Therapeut war zunächst dadurch, daß er sich persönlich zu sehr verwickelt hatte, zu der unrealistischen Einschätzung gekommen, daß es Herr L. »geschafft habe«. Mit zunehmender Klarheit über seine eigenen blinden Flecken war es dem Therapeuten schließlich möglich, seinen Kontakt mit Herrn L. auf eine realistische, nicht überfordernde Grundlage zu stellen. Er lernte an diesem Rückfall und an anderen Rückfällen, daß er »nur« Anregungen, Begleitung und Unterstützung geben und den Patienten in ganz kleinen Schritten an dessen eigene Verantwortlichkeit heranführen konnte – statt den Abhängigen und dessen Leben verändern zu wollen. Er lernte schließlich auch, diese »kleinen Brötchen« als Fortschritte anzusehen und nicht in Resignation zu verfallen (nach dem Motto „es geht ja doch nichts"). In diesem Sinne sind Rückfälle von Abhängigen auch für HelferInnen Chancen des Dazulernens: Chancen, die eigene Omnipotenzhaltung abzubauen und mit den Abhängigen geduldig an den Veränderungen zu arbeiten, die momentan möglich sind.

Resümee

Wie die vorausgegangenen Beispiele deutlich gemacht haben, ist die Fixierung auf das Abstinenzziel kurzschlüssig. Erhebliche Lebensprobleme können trotz Abstinenz weiterbestehen und mit einem trostlosen Lebensalltag einhergehen (vgl. Kapitel 8). Umgekehrt muß ein Rückfall nicht bedeuten, daß die vorausgegangene Behandlung »nichts genutzt hat«. Beispielsweise ist Frau K. (vgl. Chance 2) im Laufe der Abstinenz mehr »aus sich herausgegangen«, sie hat private Kontakte zu Freunden aus ihrer Selbsthilfegruppe aufgebaut und während ihrer »trockenen« Zeit gelernt, einem beginnenden Rückfall durch raschen Kontakt zur Beratungsstelle Einhalt zu gebieten. Diese Fortschritte waren auch nach Eintritt des Rückfalls nicht verloren gegangen. Rückfälle können ganz generell gesehen Abhängigen wie TherapeutInnen wichtige Impulse geben, sich realistischere Ziele zu setzen, bislang zu wenig beachtete Belastungsgebiete genauer zu erkunden und sich auf den Lebensalltag ohne Verklärungen einzustellen.

Leider ist es jedoch weiterhin so, daß Suchtbehandlungen undifferenziert am Maßstab von Abstinenzraten gemessen werden. Viele Kliniken tragen selbst dazu bei, indem sie sich in Form von »Legitimationskatamnesen« (BÜHRINGER, 1987, S. VIII) ihre Abstinenzquoten allzu gern auf ihre Visitenkarten schreiben. Seltener spielt in Therapien und Nachuntersuchungen die Qualität des Lebens unter der neu gewonnenen und durchzuhaltenden »Trockenheit« eine Rolle.

16 Zusammenfassung und Ausblick

Wir haben im vorliegenden Büchlein den Versuch unternommen, ein zentrales Phänomen der Alkoholismusbehandlung – den Rückfall – von verschiedenen Seiten aus zu beleuchten. Wir meinen, daß sich daraus einige grundlegende Folgerungen für die eigene Haltung zu Rückfälligkeit und den Umgang mit Rückfälligen ziehen lassen. Nicht zuletzt aus Gründen der »therapeutischen Enttäuschungsprophylaxe« haben wir deshalb auf den folgenden Seiten in komprimierter Form einen Katalog angemessener Erwartungen und Verfahrensweisen zusammengestellt, der dazu verhelfen soll, die schwere „Arbeit in der Sucht" auf realistischere Füße zu stellen.

1.

Viele der PatientInnen auf Suchtstationen psychiatrischer Krankenhäuser sind chronisch alkoholabhängig und mehrfach geschädigt. Sie haben meist »Karrieren« von Vorbehandlungen, sozialer Entwurzelung, Arbeitslosigkeit und psychisch-geistigem Abbau hinter sich.

Ein Großteil der Alkoholabhängigen in psychiatrischen Krankenhäusern ist als schwer gehandicapt einzustufen. Dies sollte man sich deutlich vor Augen führen, wenn man Zielvorgaben für diese Patientengruppe formuliert.

2.

Sucht und Rückfall gelten in neueren psychologischen Theorien weder als endogene Krankheiten noch als moralische Entgleisungen, sondern als sinnhafte, verstehbare Phänomene: Sucht und Rückfälle können dazu verhelfen, einen Teil unerträglicher (oder so empfundener) psychischer Konflikte »abzupuffern« oder eine deprimierende soziale Lebenslage besser durchzustehen. Beispielsweise kann das Suchtmittel bei Psychosen oder Depressionen dazu dienen, wiederaufkeimende Krankheitssymptome (z.B. Ängstlichkeit) zu unterdrücken.

Deshalb verwundert es nicht, daß alkoholfreie Perioden bei manchen Abhängigen krampfhaft verlaufen und Unzufriedenheit, Aggressivität, Gereiztheit sowie emotionale Verflachungen mit sich bringen können – denn der Wegfall des Alkohols bedeutet ja gleichzeitig den Verzicht auf eine Substanz, der bei der Regulierung der „psychischen und sozialen Homöostase“ eine wichtige Bedeutung zugekommen ist.

Abstinenz kann für manche Abhängigen einen dauerhaft quälenderen, schwerer auszuhaltenden Zustand darstellen als Rückfälligkeit.

Im Extremfall brechen sich nach anhaltender Abstinenz psychosomatische Störungen oder Suizidtendenzen Bahn – sozusagen als unbewußte Ventile der dumpfen, bedrückenden inneren Zwangslage. Ein Teil der Alkoholabhängigen ist nicht bereit, diese negativen Folgen der Abstinenz hinzunehmen. Der Rückfall ist die Folge.

3.

Die Mehrzahl dieser Alkoholabhängigen wird – ob zuvor »nur entgiftet« oder auch »entwöhnt« – über kurz oder lang rückfällig. Dies gilt auch für die in Suchtfachkliniken behandelten AlkoholikerInnen.

Der Rückfall ist demzufolge der Normalfall (wenn auch selbstverständlich nicht das Therapieziel!), auf den man sich in seiner therapeutischen Haltung und seinen therapeutischen Interventionen einzustellen hat.

Leserinnen und Leser werden sich angesichts solcher Mitteilungen schon an anderen Stellen dieses Bandes gefragt haben, ob die Autoren Schwarzmalerei betreiben und die Therapie von Alkoholabhängigen als aussichtsloses Unterfangen darstellen wollen. Genau das wollen wir nicht. Wenn wir nicht auf die große Gruppe derjenigen zu sprechen kommen, die wegen (oder trotz) einer Therapie »trocken« wurden und damit auch zufrieden leben können, so liegt das an unserer thematischen Vorgabe und unserer Absicht, gerade durch unsere Ausführungen dazu beizutragen, noch weitere Patienten in die Gruppe der Zufriedenen, wenn vielleicht auch nicht dauerhaft Abstinenten, zu geleiten. Auch wenn es schwerfällt, wollen wir darauf verzichten, über unsere bewegenden Eindrücke auf »Ehemaligen-« oder Jahrestreffen von Fachkliniken oder Selbsthilfeverbänden zu berichten, wo Menschen zusammentreffen, die sich – vielfach völlig überraschend – eine neue, abstinente Lebensweise zu eigen machen konnten. Dies sind Veranstaltungen, die auch einmal von TherapeutInnen besucht werden sollten, die auf psychiatrischen Suchtaufnahmestationen arbeiten und dort nicht selten dem Eindruck erliegen, Sisyphusarbeit in reinster Form zu verrichten.

Gerade diese TherapeutInnen sollten jedoch auch nicht vergessen, daß sich die von ihnen erzielten Behandlungsergebnisse durchaus mit denen von KollegInnen außerhalb des Suchtbereichs messen können: die Ergebnisse von Alkoholismusbehandlungen sind mehreren Studien zufolge denen anderer medizinischer, psychotherapeutischer und sozialtherapeutischer Behandlungen zumindest ebenbürtig!

4.

Rückfälle entstehen aus einem je individuellen Gefüge an Bedingungsfaktoren, und sie verlaufen recht unterschiedlich. *Den* General-Rückfall gibt es nicht!

Rückfälle sollten deshalb nicht über den Leisten einer allgemeingültigen Erklärung mit daraus folgender therapeutischer Einheitsintervention geschlagen werden. Angemessener ist es, Rückfälle als Folge mehrerer Faktoren, die sich zudem wechselseitig beeinflussen, zu verstehen und darauf individuell einzugehen.

Willensschwäche, Alkoholverlangen, oder Uneinsichtigkeit sind, wenn überhaupt, nur randständige Rückfallursachen, die soziale Lebenslage mit ihren Konflikten und ihrem »Alkoholmilieu« sowie belastende psychische Zustände die zentralen.

Die Analyse von Rückfallbedingungen ist ein schwieriges Unterfangen, das Zeit, Geduld und Gelassenheit erfordert. Scham- und Schuldgefühle, das als peinlich empfundene Eingeständnis wiederholten eigenen Versagens und die tatsächliche Komplexität des Rückfallverlaufes machen es oftmals schwierig, im Gespräch mit der alkoholabhängigen Person zu den Hintergründen eines konkreten Rückfalls vorzustoßen. Nicht zuletzt deshalb gilt es, einseitige Ursachenzuschreibungen des Rückfalls auf den Rückfälligen oder dessen Angehörige und jede Art von Schuldzuweisung zu vermeiden sowie in der Frage der Entstehung von Rückfälligkeit Neutralität zu wahren.

Was den Suchtverlauf anbelangt, erscheint es notwendig, sich auf dynamische Prozesse einzustellen, d.h. Abstand zu nehmen von der Vorstellung, die Mehrzahl der Alkoholabhängigen lebe meistens abstinent oder sei meistens rückfällig:

Die Verläufe von Alkoholrückfällen sind wesentlich dynamischer als gemeinhin angenommen wird. Bei der Mehrzahl der Abhängigen ist ein *Schwanken* zwischen Abstinenz, schwerem Trinken und/oder mäßigem Trinken die Regel.

Mit der Zeit wird ein Teil der Rückfälligen wieder abstinent und ein Teil der bislang Abstinenten trinkt wieder Alkohol.

5.

Realistische Behandlungsziele sind notwendig, um weder sich noch die Alkoholabhängigen zu überfordern. »Realistisch« scheint uns die Sichtweise zu sein, daß es bei Alkohol -, Medikamenten- oder Drogenabhängigkeit erst um die Sicherung des Überlebens (wie etwa bei Methadonprogrammen oder der Suizidprophylaxe) gehen kann. Erst auf dieser Basis kann es zu weiterführenden therapeutischen Interventionen kommen. Das gilt auch und in besonderem Maße für Alkoholabhängige.

Gerade bei Alkoholabhängigen mit langer Alkoholismuskarriere sind die dauerhafte Abstinenz und die zufriedene Lebensgestaltung kein realistischer Maßstab für eine Erfolgsbemessung psychiatrischer Entgiftungs- und Motivationsbehandlungen.

Es gibt eine große Anzahl von PatientInnen, für die die kurzzeitige Unterbrechung des Trinkens und die vorübergehende körperliche Erholung (zunächst einmal?) die höchste Stufe der Gesundung darstellt.

In diesem Sinne sollten Entgiftungen als Teil eines längerfristigen Veränderungs- und Überlebensprozesses begriffen sowie vom Charakter des Vorläufigen, Halbherzigen und Ungenügenden befreit werden. Durch Entgiftungen erhöht man die suchtstoffreien Zeiten – und damit die Wahrscheinlichkeit des (gesunden) Überlebens. Es sollte darauf verzichtet werden, den in der Entgiftung befindlichen Abhängigen einzuschüchtern oder massiv unter Druck zu versetzen, um ihn im Anschluß an die Entgiftung zu einer stationären Therapie zu bewegen.

Entgiftungen sollten als Möglichkeiten der Gesundung, Erholung und Besinnung angesehen werden. Sie haben als lebensverlängernde Maßnahmen ihren Sinn, auch wenn es nicht zu einer Motivationsfindung für weitergehende Maßnahmen kommt.

Ratsam ist es, sich darauf einzustellen, daß man manche Alkoholabhängigen über lange Zeit hinweg in ihrer Sucht »nur« begleiten und keine grandiosen therapeutischen Erfolge erzielen kann. Ohne Frage ist es erfreulich, wenn PatientInnen dauerhafte Abstinenz erreichen – man sollte diese aber nicht fest in seinen Erwartungshorizont einplanen und sich andererseits immer wieder klarmachen, daß die eigene Arbeit auch dann nicht als sinnlos gelten kann, wenn man »nur« eine kurzzeitige Lebensverlängerung erreicht hat.

Das Idealziel der dauerhaften Abstinenz braucht deshalb auch bei chronisch Alkoholabhängigen nicht grundsätzlich aufgegeben zu werden. Die Langzeitabstinenz bildet die Zielebene, die bei entsprechenden Behandlungsfortschritten im kognitiven, motivationalen und sozialen Bereich erneut ins Gespräch gebracht werden kann und sollte.

6.

Man sollte sich als BehandlerIn die eigenen Vorstellungen über Rückfälligkeit bewußt machen und »Sackgassen des Rückfalldenkens« überdenken. Diese lauten:

- *„Durch 'gute Arbeit' werden nur wenige meiner PatientInnen rückfällig.“*

Das ist eine ko-alkoholische und irrige Überzeugung, die vergessen läßt, daß Rückfälle – zumindest langfristig – die Regel und nicht die Ausnahme sind. Es wäre realistischer, sich zu sagen:

„Auch bei 'meinen' PatientInnen sind Rückfälle – zumindest langfristig – die Regel und nicht die Ausnahme."

Noch extremer ist die Auffassung:

- *„Ich kann jede(n) zur Abstinenz führen."*

Ein Belastungsfaktor ersten Ranges bildet die Vorstellung, man könne bei anderen Menschen größte Wunder vollbringen. Dauerhafte Abstinenz ist vielfach ein solches.

Es gilt stattdessen, die eigenen Grenzen zu respektieren und ggf. die Allmachtsüberzeugung, jedermann helfen zu können, abzubauen. Letztlich ist zu akzeptieren, daß auch wiederholte schwere Rückfälle zu manchen Suchtverläufen dazugehören und die Sucht im Extremfall im Tod endet – und man nichts daran ändern kann.

- *„Nach dem 'ersten Glas' ist bald alles wie vorher."*

Zwar können TherapeutInnen im Ansatz zunächst damit zufrieden sein, wenn sie erfolgreich vermittelt haben, daß man das »erste Glas« stehen lassen oder die vielbeschworene Schnapspraline anderen überlassen sollte. Bedauerlicherweise sind dieser Überzeugungsarbeit jedoch meist keine langfristigen Erfolge vergönnt: Die Mehrzahl der Abhängigen greift, wie mehrfach ausgeführt, wieder zur Flasche. Die Therapie und die vorweggenomme Nachsorge (Sekundär- und Tertiärprävention) greifen deshalb zu kurz, wenn nicht vermittelt wird, daß ein Rückfall jederzeit gestoppt werden kann. Zwar hat der Rückfall die Abfolge der stolz verbuchten »trockenen Tage« unterbrochen, aber es ist dennoch kein nicht wiedergutzumachender Schaden entstanden.

Sie erinnern sich: Es gibt viele Anhaltspunkte, nach denen die *gedanklich-gefühlsmäßige* Verarbeitung des »ersten Schlucks« von entscheidender Bedeutung für das weitere Trinkverhalten ist. Deshalb gilt:

Man sollte sich davor hüten, zukünftige Rückfälle durch Weitergabe des »Mythos vom ersten Schluck« »anzuheizen«. Insbesondere der Mythos, wonach der »erste Schluck« unweigerlich im Kontrollverlust endet, erweist sich immer wieder als sich selbst erfüllende Prophezeiung. Man kann es auch so formulieren: Die heutige Scham über ein Trinkrezidiv gleicht gelegentlich jener der vorehelichen Defloration im viktorianischen Zeitalter. Im Zuge der eigenen Mißachtung oder der Vorwegnahme von Fremdmißachtung verstößt man sich selbst, taucht unter, sündigt weiter.

Statt Vorhersagen unsererseits abzugeben, sollten wir Abhängige fragen, wie es gemäß *ihrer* Überzeugung nach dem »ersten Schluck« mit dem Trinken weitergehen wird. Unter Rückgriff auf ihre bisher begrenzten Kontrollfähigkeiten läßt sich dann weiter fragen, worauf sich ihre Zuversicht aufbaut, wenn ihre bisherige Lebenserfahrung gegen die Fähigkeit des »normalen« oder »kontrollierten Trinkens« spricht.

Anstrebenswert erscheint uns eine Haltung, die das Rückfälligsein zunächst einmal nicht sanktioniert (bestraft), sondern als sinnhaftes Verhalten respektiert. Rückfälle können dann Ausgangspunkt für eine nüchterne Betrachtung und eine sich daran anschließende bedachte Auseinandersetzung mit dem Rückfälligen sein.
Übergreifend gesehen, halten wir eine *akzeptierende Grundhaltung* in bezug auf Rückfälle für ein erstrebenswertes Ziel.

Eine akzeptierende Grundhaltung läßt sich leichter einnehmen, wenn man sich deutlich macht, daß in jedem Rückfall sowohl für Abhängige wie für TherapeutInnen auch die Chance zur positiven Weiterentwicklung steckt, und zwar: sich realistischere Ziele zu setzen, bislang zu wenig beachtete Belastungsgebiete genauer zu erkunden und sich auf den Lebensalltag ohne Verklärungen einzustellen.

7.

In diesem Büchlein war mehrfach die Rede davon, daß es bei Suchtkranken im psychiatrischen Krankenhaus primär um die Sicherung des (gesunden) Überlebens geht. Zumindest im übertragenen Sinne gilt dieses Ziel auch für die therapeutischen MitarbeiterInnen, die sich vor allem auf den Aufnahmestationen der psychiatrischen Krankenhäuser mit Aufnahmeverpflichtung vor eine trostlose Situation gestellt sehen. Für sie präsentiert sich der therapeutische Alltag etwa so wie es die Mehrzahl unserer Beispiele verdeutlicht hat. Kaum eine(r) der erstmals behandelten PatientInnen sieht sich als abhängig an, und kaum eine(r) der wiederholt aufgenommenen hält bei sich den nahtlosen Übergang in eine Entwöhnungstherapie für erforderlich, ganz zu schweigen vom fehlenden Selbsthilfegruppenbesuch. Alle glauben, *die* Ausnahme im namenlosen Heer rückfällig werdender AlkoholikerInnen zu sein.

Viele MitarbeiterInnen werden nach Rückfällen trotzdem (oder gerade deshalb) von bohrenden Fragen geplagt: „Was habe ich falsch gemacht? Was habe ich übersehen? Ich hätte stärker auf ... achten sollen?" Sie fühlen sich machtlos, sind betroffen, besorgt, verärgert, enttäuscht, aufgewühlt, distanzieren sich von der rückfälligen Person, zweifeln an den eigenen Fähigkeiten und können manchmal auch abends nicht mehr abschalten (vgl. KÖRKEL, BACK & GEHRING, 1989). Die spontanen Reaktionen auf einen Rückfall sind also häufig *negativer und belastender Art.*

Wir möchten nahelegen, nach Rückfällen für sich größere Gelassenheit (nicht Gleichgültigkeit !) zu entwickeln.

Nicht selten neigen (Sucht-)TherapeutInnen dazu, sich für das Verhalten von Abhängigen verantwortlich zu machen. Es gilt aber zu bedenken, daß Alkoholabhängige die Verantwortung für *ihr* Leben tragen – und niemand ihnen diese abnehmen kann.

Auf dem Weg zu mehr Gelassenheit mit (rückfälligen) Alkoholabhängigen sollte nicht zuletzt an die Möglichkeiten gedacht werden, die in der sozialen Unterstützung durch KollegInnen liegen.

Hilfreich ist es, Rückfälligkeit zu einem »salonfähigen« Thema zu machen und sich darüber – auch zum eigenen

Wohlergehen – mit vertrauten KollegInnen zu besprechen. Auch Fortbildungen und Supervision sollten für diese Zwecke geöffnet werden.

Es entlastet im allgemeinen, wenn man sieht, daß sich auch andere mit dieser Thematik schwer tun und „nur mit Wasser kochen". Gleichzeitig kann man Angeregungen dafür erhalten, sich neuen Sichtweisen zu öffnen, sich nicht mit dem Rückfälligen zu identifizieren und sich nach einem Rückfall nicht »runterziehen« zu lassen (vgl. GEHRING & HERDER, 1991).

8.

Das Thema des Rückfalls wird im Behandlungsverbund insgesamt zu wenig und zu häufig in moralisierender Form („Du mußt...!", „Du sollst...!" usw.) – und damit wenig hilfreich – thematisiert. Wenn sich PatientInnen nicht nur einige Tage zur Entgiftung, sondern in einer mehrwöchigen Motivations- oder Entwöhnungsbehandlung befinden, bietet sich die Möglichkeit der Bearbeitung bzw. Auseinandersetzung mit der Rückfallthematik geradezu an.

Das Thema der Rückfälligkeit sollte aufgrund seiner Allgegenwärtigkeit in der Behandlung *offensiv, umfassend und sachlich-nüchtern* thematisiert werden.

Die übergreifende Absicht eines offensiven Umgangs mit der Rückfallthematik besteht darin, die Verdrängung bzw. Verleugnung der Rückfalltendenzen von Abhängigen zu bearbeiten (vgl. KÖRKEL & WOHLFARTH, 1992) sowie Scham- und Schuldgefühle bei Abhängigen nicht zu verstärken. Mit anderen Worten geht es darum, die abhängige Person dafür zu sensibilisieren, daß ein Rückfall auch bei ihr im Bereich des Möglichen liegt (das leugnen die meisten) sowie Wege zur Abwendung von Rückfällen und zum Umgang mit eingetretenen Rückfällen zu erarbeiten.

Was kann zur Förderung dieser Zielsetzung getan werden? Wir haben an anderen Stellen ausführlich beschrieben, wie man für ganze Einrichtungen Konzepte zur Rückfallaufarbeitung entwickeln kann, wie TeammitgliederInnen sich in der Rückfallarbeit unterstützen können und auf was bei rückfallbezogenen Gesprächen zu achten ist (vgl. Körkel, 1991a, 1991b; Körkel, Dittmann, Pahlke & Wohlfarth, 1992; Wohlfarth, 1991a). Interessierte LeserInnen seien auf diese weiterführende Literatur verwiesen. Darüber hinaus erscheinen uns die folgenden Empfehlungen bedenkenswert:

- Manche HelferInnen meiden das Rückfallthema (z.B. während einer stationären Therapie), weil sie befürchten, dadurch die Rückfallgefährdung der Abhängigen zu erhöhen.

Demgegenüber ist zu empfehlen, von sich aus Impulse für einen angstfreien, freimütigen Austausch über Rückfälligkeit einzubringen und zum offenen Gespräch über Rückfälle zu ermuntern. Dabei sollte auf Verharmlosungen genauso wie auf Dramatisierungen von Rückfällen verzichtet werden.

Viel ist bereits erreicht, wenn es gelingt, eine Atmosphäre der Offenheit und Angstfreiheit herzustellen, die zu einem freimütigen Ansprechen von eigenen Rückfallphantasien und Ausrutschern einlädt. Mit anderen Worten: Das Gruppenklima sollte so beschaffen sein, daß jemand, der seine Rückfallanfälligkeit anspricht, nicht mit Sanktionen (Vorhaltungen, Verbitterung, Schadenfreude) zu rechnen hat. Nach einem Rückfall ist weder eine »Hardliner-Mentalität« („Wenn du saufen willst, dann saufe doch") noch ein Agieren (den Rückfälligen mit Hilfe überschütten) angebracht.

Als Grundhaltung läßt sich formulieren: Ein »Ausrutscher« bzw. Rückfall ist ein ernstes Ereignis. Er muß aber nicht unweigerlich zum totalen Abgleiten führen. Unbedingt sollten auch die bei vielen Abhängigen vorhandene Sehnsucht nach kontrolliertem Trinken, die Neidgefühle auf Nichtalkoholiker („er darf – ich darf nicht") und das nagende Empfinden des Makels thematisiert werden.

Im Sinne der Rückfallprophylaxe ist es nützlich, mit jedem Patienten seine persönlichen Rückfallrisiken aufzuspüren und zu bearbeiten (z.B. mittels Rollenspielen).

- Es erscheint angeraten, in seinen therapeutischen Bemühungen der abhängigen Person nicht vorauszueilen, sie nicht zu überfordern und keine Lippenbekenntnisse zu begünstigen. Notwendig ist es, zusammen mit der/dem Abhängigen realistische Vorstellungen darüber zu entwickeln, welche Ziele in der verfügbaren Zeit (z.B. einer dreiwöchigen Motivationsbehandlung) überhaupt erreichbar und ihrem/seinem Veränderungstempo angemessen sind.

Das Ziel der Behandlung sollte auf die aktuell gültige Ausgangslage (Befinden, intellektuelle Fähigkeiten, soziale Situation usw.) der/des Alkoholabhängigen abgestimmt werden, zeitnah und konkret umgesetzt werden können und gleichzeitig keine demotivierend großen oder zu kleinen Schritte abverlangen.

Das heißt, *mit* der alkoholabhängigen Person nur so weit zu gehen, wie diese zu gehen bereit ist, sie nicht zu »puschen« und sich nicht an der Abstinenz als »dem« Ziel schlechthin festzubeißen, wenn die/der Abhängige für sich noch gar nicht Abstinenz anstrebt. Einsichten, Abstinenzgelübde und Verhaltensweisen, die die abhängige Person zu erbringen zur Zeit nicht bereit oder nicht in der Lage ist, nutzen niemandem. Im Gegenteil: Dies fördert bei BehandlerInnen die Gefahr, nach Frustration der eigenen überhöhten Ansprüche in Verbitterung und Resignation zu verfallen, d.h. zur Auffassung zu gelangen, Suchtarbeit habe ja doch keinen Sinn, wenn die Mehrzahl wieder trinke.

- Sucht und Rückfall sind kein Individualproblem. In die Entstehung der Sucht wie auch in ihre Aufrechterhaltung in Form von Rückfällen sind Beziehungspartner eingeschlossen (Ko-Abhängigkeit). Der Suchtmittelgebrauch der einen Person kann mit einem (meist unbewußten) psychischen Nutzen für die andere Person einhergehen. Deshalb wünschen sich Abhängige wie Angehörige zwar meist einhellig, daß die negativen Auswirkungen des Alkoholmißbrauchs eine Ende nehmen mögen – nicht aber die (kaum bewußten) beziehungsregulierenden Funktionen des Alkohols, wie sie sich z.B. im Umgang mit Macht und »Verantwortlichkeitsrechten« ausdrücken. So wundert es nicht, daß auch manche Angehörige der Abstinenz gegenüber ambivalent sind und diese ggf. (erneut nicht bewußt) boykottieren. Die Abstinenzstabilisierung wie auch Veränderungen in der Lebensführung sollten deshalb von möglichst vielen BeziehungspartnerInnen getragen werden. Nützlich ist es, die Partner(in) bzw. Familie der abhängigen Person in die Gespräche einzubeziehen, soweit dies möglich ist.

- Abhängige sollten ermuntert werden, sich bei Rückfälligkeit *schnell* mit einer Beratungsstelle, Selbsthilfegruppe, dem (kompetenten) Arzt des Vertrauens oder der stationären Behandlungsstätte in Verbindung zu setzen, denn bei rascher Intervention bestehen die besten Chancen, ein Abgleiten in schwere Rückfälligkeit abzuwenden. Wichtig ist es, daß die rückfällige Person dort weder Abwertung noch Resignation oder moralische Sanktionen zu befürchten hat und sie sich zur Gesprächsinitiative ermutigt fühlt, um den ansonsten oftmals unaufhaltsamen Absturz zu unterbrechen.

Es ist also wichtig, bereits während einer (stationären) Behandlung auf eine rasche Intervention nach einem Rückfall hinzuwirken, ohne dabei ins Agieren abzugleiten.

Wer auf Verurteilungen und Negativbewertungen von Rückfällen verzichtet sowie vorsorglich Gesprächsangebote bei eingetretener Rückfälligkeit ausspricht, begünstigt, daß

Rückfällige frühzeitig erneut Kontakt zu einem selbst oder anderen Personen ihres Vertrauens aufnehmen.

Für viele Abhängige ist der Hausarzt die erste Kontaktadresse. Durch die frühzeitige Kontaktmöglichkeit liegen die besonderen Chancen des Hausarztes im rechtzeitigen Erkennen der Frühzeichen eines Rückfalls und im schnellen Intervenieren nach einem Rückfall (vgl. LAUER, 1991). Aus diesem Grund ist eine enge Zusammenarbeit zwischen Hausarzt und (Sucht-)Beratungsstellen bzw. TherapeutInnen wünschenswert.

- Zwangsentlassungen nach Rückfälligkeit während stationärer Therapie sollten ihre Selbstverständlichkeit verlieren und durch differenziertere Behandlungsstrategien wie etwa stationäre Rückfallaufarbeitungskonzepte ersetzt werden (vgl. etwa KÖRKEL, 1991a, 1991b; KÖRKEL u.a., 1992; WOHLFARTH, 1991a).
- Schon während der stationären Behandlung sollten Kontakte zu Selbsthilfegruppen, Beratungsstellen, ambulanten PsychotherapeutInnen und dem Hausarzt (wieder)hergestellt werden.

Nachsorgemaßnahmen (v.a. Selbsthilfegruppenbesuche) stellen nach bisheriger Kenntnis die wirksamsten Möglichkeiten zur Rückfallvorbeugung dar.

Durch umfassende sozialarbeiterische Nachbetreuung am Wohnort (durch Hilfen bei Wohnungs-, Arbeits- und Schuldenproblemen, Anregungen zur Freizeitgestaltung, stützende Gespräche usw.) läßt sich ein »Auswachsen« von Rückfällen wirkungsvoll verhindern.

Vorbehalte der PatientInnen gegen die Inanspruchnahme derartiger Angebote sollten ernst genommen und eingehend besprochen werden.

Es wird leichter sein, geeignete Nachsorgeangebote weiterzuempfehlen und Vorbehalte gegenüber Nachsorgeangeboten zu erörtern, wenn man sich an der engen Zusammenarbeit von Selbsthilfegruppen, Suchtberatungsstellen, (teil-)

stationären Einrichtungen und niedrigschwelligen Angeboten beteiligt. Schließlich wird durch eine enge Kooperation der Hilfesysteme bei Rückfällen ein rasches, aufeinander abgestimmtes Vorgehen möglich.

9.

Stationär therapierte alkoholabhängige Frauen werden deutlich schneller rückfällig als die entsprechenden Männer. Deshalb ist es um so fataler, daß Frauen über die bisherige Form der Nachsorge und damit in der Rückfallprävention wesentlich seltener erreicht werden als Männer. Dies trifft auch auf Selbsthilfegruppen zu.

Es sollte in Zukunft stärker in Erwägung gezogen werden, auch im Alkoholismusbereich speziell auf Frauen zugeschnittene Nachsorgeangebote (z.B. frauenspezifische Selbsthilfegruppen) ins Leben zu rufen.

Darüber hinaus sollte Frauen durch Entlastung von anderen Verpflichtungen (z.B. Kinderbetreuung) die Teilnahme an ambulanten Behandlungsangeboten (z.B. Selbsthilfegruppen) erleichtert werden.

10.

Das Fehlen von Hilfeangeboten für Menschen, die zu dauerhafter Abstinenz nicht in der Lage oder nicht willens sind, ist eines der düstersten Kapitel bundesdeutscher Suchtkranken»versorgung«. Die Defizite reichen von unmittelbaren Überlebenshilfen (z.B. Notschlafunterkünfte mit medizinischer Grundversorgung) über Wohngemeinschaften für Menschen, die nicht dauerhaft abstinent leben können bis zu Mitarbeitsmöglichkeiten in Arbeitsprojekten für Personen, für die Langzeitabstinenz ein unrealistisches Ziel darstellt (vgl. im Detail WOHLFARTH, 1991b).

Niedrigschwellige Angebote wie etwa Notschlafstellen, ärztliche Grundversorgung ohne Krankenschein, Angebote der Straßensozialarbeit u.a.m. sollten insbesondere für die dauerhaft Rückfälligen entwickelt bzw. ausgebaut werden.

Als ergänzende Behandlungsform sind verstärkt Tageskliniken in Betracht zu ziehen. Das Angebot einer Tagesklinikbehandlung nach einem Rückfall bleibt im bisherigen Suchtversorgungssystem unberücksichtigt, wie generell Tageskliniken in der Suchtkrankenbehandlung so gut wie nichtexistent sind, obgleich von ihnen gute Erfahrungen vorliegen, nicht zuletzt was den Umgang mit Rückfälligkeit anbelangt (vgl. KRUSE & SIEVERS, 1987). Die tagesklinische Behandlung erscheint gerade vor bzw. nach einem »ersten Schluck« bzw. nach einem ersten Alkoholexzeß angebracht, also dann, wenn die alkoholabhängige Person merklich »ins Schleudern gerät« und ihre Stabilität zu verlieren droht.

17 Philosophiler Ausklang

Wir möchten dieses Büchlein nicht abschließen, ohne einige philosophische Gedankengänge zu bemühen und damit den Blick über das Alltagsgeschehen in der Suchtbehandlung hinausschweifen zu lassen.

Wir fragen uns (und Sie): Gibt es eigentlich eine Erklärung dafür, daß nur ein geringer Teil der Bevölkerung Alkohol und Drogen im Übermaß konsumiert? Beides ist doch frei zugänglich! Ob Kind – Jugendschutz hin – ob Greis – Gehstörung her – jeder kann an Alkohol (unschwer) oder illegale Drogen (schon etwas schwieriger) heran. Der Mensch neigt doch sonst dazu, alles, was ihm wohlzutun scheint, auch in Anspruch zu nehmen, selbst dann, wenn bekannt ist, daß schädigende Folgen für ihn oder die Umwelt zu gewärtigen sind. Man liegt stundenlang in der Sonne, fährt Motorrad (oder Fahrrad), macht Drachenfliegen oder free-climbing, betreibt Über- oder Unterernährung! Überhaupt ist das Leben riskant und partiell unangenehm, man hätte allen Grund, es zu versüßen!

Nach SLOTERDIJK (1991) hat der Mensch, der „zur Welt gekommen ist, ... durch diesen Akt zu erkennen gegeben, daß er bereit war, die Droge des Nichts gegen die Ersatzdrogen des Daseins einzutauschen. Ist jemand in der Welt, so hat er sich vorgewagt in eine Zone, in der man mit etwas weniger Dunkelheit, weniger Schlaf, weniger Spannungslosigkeit, weniger Zeitenthobenheit auszukommen versucht als in der präexistentiellen und vorweltlichen Verfassung. Dasein ist also immer auch ein Vorstoß in rauschärmere Zonen; es ist eine Expedition ins Nüchterne und Neutrale; dort lichten sich für uns die Dinge in ihrem Ansichsein und setzen uns ihren Widerstand entgegen. In diesem Sinne ist Existenz immer schon ein Draußensein beim Fremden, Schweren, Eigensinnigen. Tatsächlich ist die Außentemperatur meist kälter als damals im großen Innen; die Luft, die wir atmen, bedeutet im Vergleich mit dem angetörnten Gemeinschaftskreislauf von Mutter und Kind die reinste Endorphin-Deprivations-Folter. Für den Fötus war das mütterliche Medium ein Musikinstrument, das gleichzeitig für das rhythmische und das opioide Kontinuum sorgte. Doch seit wir das Dasein im Sinne des In-der-Welt-Seins üben, sind Musik und Opium selten geworden. Statt dessen wimmelt es von Therapeuten und Priestern und Arbeitgebern, und von Dealern, die überhöhte Preise fordern. In dieser Hinsicht sind wir alle, die so leichtsinnig waren, ins Freie zu kommen, nichts anderes als aus dem Takt Gebrachte, auf Entzug Gesetzte, kleine Zwischenhändler der Ersatzdroge Lebenskunst; wir bringen unsere Tage damit zu, unseren Drogenstandard auf dem niedersten Niveau einzupegeln, das wir ertragen; er definiert, was Realität heißen soll. Wir wissen, es kommt alles darauf an, nicht mehr Sorgen zu haben als Likör, aber auch nicht mehr Likör als Sorgen." (S. 162)

Ganz im Sinne unserer zuvor erstaunt gestellten Frage, weshalb nur ein geringer Anteil der Bevölkerung Alkohol und Drogen im Übermaß zu sich nimmt, sieht Sloterdijk „einen Teil der Menschheit seine ganze Vernünftigkeit dafür [aufbieten], sich geduldig unter das Weltjoch zu beugen und dem Dasein die Bedeutung einer passionsartigen Gehorsamsübung gegenüber dem Unvermeidlichen zu geben" (S. 146). Früher ist die Menschheit offenbar durch elaborierten Gebrauch der Droge zu ekstatischen Rauschformen imstande gewesen, ohne daß damit Drogenprobleme verbunden gewesen wären. „Fast kann man ... die Faustregel angeben: je profunder die Drogenerfahrung, desto unmöglicher die Sucht" (S. 151).

Zu den tragischen Lektionen der Droge gehört es, daß sie es dem Menschen verbietet, „sich in ein Privatverhältnis zum Eintretenden und Überwältigenden zu setzen" (S. 161). „Denn unter den Voraussetzungen des Privatkonsums beginnt jede Droge früher oder später die Definition des Dämonischen zu erfüllen. In der dämonischen Beziehung verliert das Subjekt sein Selbst an den stärkeren Partner" (S. 155).

Aber klare Grenzmarkierungen fehlen, und so weist SLOTERDIJK vielleicht zu Recht auf die Aussage hin, „daß sich Süchtige von Normalen nur dadurch unterscheiden, daß sie sich für eine etwas höhere Selbstzerstörungsgeschwindigkeit entschieden haben" (S. 155). Dazu gehört wohl auch die von Therapeuten berichtete „Koketterie der Unheilbarkeit oder [der] Stolz der Unerreichbarkeit" (S. 158).

Sucht ist somit „nichts anderes als die zwanghafte Zustimmung zum Sog als Genommenwerdenwollen" (S. 161). „Wohl ist der Süchtige in gewisser Hinsicht auch ein Deserteur, der sich unerlaubt von der Realitätstruppe entfernt" (S. 158), aber in Wahrheit auch von seinem Selbst. „Insofern haben die Vertreter des scharfen Kurses und der rüden Tonart in der Drogentherapeutik nicht unrecht, wenn sie sagen, daß man im Süchtigen in erster Linie den freien Selbstzerstörer respektieren muß. ... Die Grundsituation der Suchttherapie ist also nicht die Fürsorgeverabredung zwischen Helfer und Klient, sondern das Duell zwischen zwei Bewußtseinen, die sich gegenseitig hilflos machen" (S. 161). Versöhnlich heißt es dann bei SLOTERDIJK jedoch, die Tragödie habe keineswegs immer das letzte Wort, wenngleich die „Existenz offenkundig ein ontologisches Ansinnen an den Menschen ist, für das es keine Zwangsvollstreckung gibt – man kann niemandem einen Haftbefehl vorweisen, aus dem für den Betroffenen hervorginge, daß er von nun an zur Selbstübernahme verpflichtet sei" (S. 158).

An dieser Stelle sei nochmals explizit herausgestellt, daß die vorangegangenen hochfliegenden Ausführungen nicht vom Autorenteam stammen (wer hätte das auch glauben wollen?), sondern von Peter SLOTERDIJK in Lindau als Vortrag mit dem Thema »Weltsucht« in die Welt gesetzt und 1991 in schriflicher Form der Öffentlichkeit zugänglich gemacht wurden.

Unbeantwortet ist auch die Frage, warum ausgerechnet in Zeiten (scheinbaren?) sozialen Friedens und wirtschaftlicher Prosperität die Zahl der Suchtkranken zu steigen scheint. Ist die Antwort darauf das von MARQUARD (1990, S. 170) ausgemachte ubiquitäre Phänomen der „Prinzessin auf der Erbse"? Diese Erscheinung erklärt MARQUARD sich und uns so: wer – fortschrittsbedingt – unter immer weniger zu leiden habe, der habe unter diesem Weniger immer mehr zu leiden. Die Aufmerksamkeit konzentriere sich dann ganz und gar auf jene Beeinträchtigungen, die übrigblieben. Da wirke das Gesetz der zunehmenden Penetranz der Reste.

Möglicherweise ist dieses Gesetz aber nur dann in Kraft, wenn derjenige nüchtern oder im Entzug ist. Alkohol und Tranquilizer jedoch decken die Erbse mit einer weiteren Matratze ab, Heroin läßt die Erbse für einen Moment verschwinden, und Kokain macht sie zur Erdkugel, die man umarmt oder dirigiert.

Unsere philosophilen Abschlußgedanken schließen wir an dieser Stelle ab. Sie halten uns zu der ungewohnten Überlegung an, den Zustand des Berauscht-, Benebelt- und Entrücktseins als Teil des Mensch-Seins anzusehen. Ist dies dann nicht auch der Rückfall, der dazu verhilft, sich zumindest zeitweise von der »Expedition ins Nüchterne« zu verabschieden?

Literatur

ABRAMS, D.B., NIAURA, R.S., CAREY, K.B., MONTI, P.M. & BINKOFF, J.A. (1986): Understanding relapse and recovery in alcohol abuse. Annals of Behavioral Medicine, 8, 27–32.

ANDRITSCH, F. (1989): Zum aktuellen Stand der Versorgung chronisch Abhängigkeitskranker in der Bundesrepublik Deutschland. Suchtgefahren, 35, 312–316.

ANTONS, K. (1981): Theorien zur Genese des Alkoholismus. In K. ANTONS & W. SCHULZ, Normales Trinken und Suchtentwicklung. Band 1 (S. 193–230). (2. Aufl.). Göttingen: Hogrefe.

ANTONS -VOLMERG, K. (1989): Was sollte und was könnte an der Therapie des Alkoholismus geändert werden? In F. BUCHHOLTZ (Hrsg.), Suchtarbeit: Utopien und Experimente (S. 13–23). Freiburg: Lambertus.

BLEULER, E. (1919/1976): Das autistisch-undisziplinierte Denken in der Medizin und seine Überwindung. (4. Neudruck der 5. Auflage, Original 1919). Heidelberg: Springer.

BOLTEN, G. (1990): Wiedergefundenes Leben. Frankfurt: Haag u. Herchen.

BÖNING, J. (1991): Zur Neurobiologie und Psychopathologie süchtigen Verhaltens. In K. Wanke & G. BÜHRINGER (Hrsg.), Grundstörungen der Sucht (S. 3–27). Berlin: Springer.

BRENNER, R. (1989): Wohngemeinschaften für Menschen, die nicht dauerhaft abstinent leben können. In F. BUCHHOLTZ (Hrsg.), Suchtarbeit: Utopien und Experimente (S. 81–84). Freiburg: Lambertus.

BROWN, S.A. (1985): Reinforcement expectancies and alcoholism treatment outcome after a one-year follow-up. Journal of Studies on Alcohol, 46, 304–308.

BÜHRINGER, G. (1987): Vorwort. In D. KLEINER (Hrsg.), Langzeitverläufe bei Suchtkrankheiten (S. VII–VIII). Berlin: Springer.

DRUMMOND, D.C., COOPER, T. & GLAUTIER, S.P. (1990): Conditioned learning in alcohol dependence: implications for cue exposure treatment. British Journal of Addiction, 85, 725–743.

EGG, R. (1991): Legalbewährung nach Sozialtherapie – zwischen Resignation und Neubewertung. Report Psychologie, 16 (5–6), 32–37.

Empfehlungen der Expertenkommission der Bundesregierung zur Reform der Versorgung im psychiatrischen und psychotherapeutisch/psychosomatischen Bereich (1988). Bonn: Bundesministerium für Jugend, Frauen, Familien und Gesundheit.

ESSER, A. (1991): Rückfallbedingungen bei Alkoholikern nach stationärer Entwöhnungsbehandlung. Unveröff. Diss., Philipps-Universität, Marburg/Lahn.

FEUERLEIN, W. (1989): Alkoholismus, Mißbrauch und Abhängigkeit. (4. Aufl.). Stuttgart: Thieme.

FINGARETTE, H. (1988): Heavy drinking. The myth of alcoholism as a disease. Berkeley: University of California Press.

FLECK, J., & KÖRKEL, J. (1990): Der Rückfall von Alkoholabhängigen im Arbeitsrecht. Moralisches Versagen, selbstverschuldete Krankheit und andere Mythen. Der Betrieb, 43 (5), 274–277.

FLECK, J. & KÖRKEL, J. (in Druck): Der Rückfall alkoholabhängiger Arbeitnehmer als Kündigungsgrund. Analyse und Kritik der gegenwärtigen Rechtsprechung, Vorschläge für eine neue Rechtspraxis. In J. GERCHOW (Hrsg.), Rechtliche Probleme bei Abhängigkeitserkrankungen. Berlin: Springer.

GEHRING, U. & HERDER, S. (1991): Rückfall – eine Belastung für Helfer. In J. KÖRKEL (Hrsg.), Praxis der Rückfallbehandlung. Ein Leitfaden für Berater, Therapeuten und ehrenamtliche Helfer (S. 64–90). Wuppertal: Blaukreuz.

HALL, S.M., HAVASSY, B.E. & WASSERMAN, D.A. (1991a): Effects of commitment to abstinence, positive moods, stress, and coping on relapse to cocaine use. Journal of Consulting and Clinical Psychology, 59, 526–532.

HALL, S.M., HAVASSY, B.E. & WASSERMAN, D.A. (1991b): Social support and relapse: Commonalities among alcoholics, opiate users, and cigarette smokers. Addictive Behaviors, 16, 235–246.

HAMBRECHT, M. (1988): Der Rückfall in der Psychotherapie. Psychotherapie und Medizinische Psychologie, 38, 425–429.

HARTEN, R. (1989): Wir sind gut drauf! – Der Süchtige ist ein armes Schwein! In R. HARTEN, P. RÖHLING & K.-P. STENDER, Gibt es eine Suchtpersönlichkeit? (S. 9–16). (2. Aufl.). Hamburg: Neuland.

KELLE, M.B., HERZOG, D.B.,LAVORI, P.W., OTT, I.L., BRADBURN, I.S. & MAHONEY, E.M. (1989): High rates of chronicity and rapidity of relapse in patients with bulimia nervosa and depression. Archives of General Psychiatry, 46, 480–481.

KLEMENT, H. (1992): Langfristige zufriedene Nüchternheit – ein erstrebenswertes Ziel für Alkoholabhängige. In J. KÖRKEL (Hrsg.), Rückfall muß keine Katastrophe sein. Ein Leitfaden für Abhängige und Angehörige (S. 49–58). (2. Aufl.). Wuppertal: Blaukreuz.

KLINGEMANN, H. (1988): Der soziale Kontext von Autoremissionen bei problematischem Alkoholkonsum. Medizin, Mensch, Gesellschaft, 13, 123–131.

KOEPCKE, S. (1991): Rückfall und Rückfallbewältigung – aus der Sicht einer ehemaligen Alkoholkranken. In Landschaftsverband Westfalen-Lippe, Koordinationsstelle für Drogenfragen und Fortbildung (Hrsg.), Rückfall – der verlorene Sieg. Rückfallprophylaxe – tertiäre Prävention – Nachsorge (S. 7–12). Münster: LWL.

KOPP, S. (1979): Triffst du Buddha unterwegs ... Psychotherapie und Selbsterfahrung. Frankfurt: Fischer.

KÖRKEL, J. (1991a): Der Alkoholrückfall während stationärer Therapie: Forschungsergebnisse, Handlungsstrategien und Perspektiven für die Suchtpraxis. In J. KÖRKEL, M. WERNADO & R. WOHLFARTH (Hrsg.), Umgang mit Rückfällen während der stationären Therapie (S. 3–60). Bonn: Nagel.

KÖRKEL, J. (1991b): Der Rückfall während stationärer Therapie. In J. KÖRKEL (Hrsg.), Praxis der Rückfallbehandlung. Ein Leitfaden für Berater, Therapeuten und ehrenamtliche Helfer (S. 145–164). Wuppertal: Blaukreuz.

KÖRKEL, J. (1991c): Grundlegende Ergebnisse und Überlegungen für ein neues Verständnis von Rückfällen. In J. KÖRKEL (Hrsg.), Praxis der Rückfallbehandlung. Ein Leitfaden für Berater, Therapeuten und ehrenamtliche Helfer (S. 13–63). Wuppertal: Blaukreuz.

KÖRKEL, J. (1991d): Rückfall als Chance. In Landschaftsverband Westfalen-Lippe, Koordinationsstelle für Drogenfragen und Fortbildung (Hrsg.), Rückfall – der verlorene

Sieg. Rückfallprophylaxe – tertiäre Prävention – Nachsorge (S. 18–62). Münster: LWL.

KÖRKEL, J. (in Druck): Paradigmawechsel in der Rehabilitation von Alkohol- und Medikamentenabhängigen. In M. Heide & T. Klein (Hrsg.), Ambulante und stationäre Suchttherapie. Möglichkeiten und Grenzen.

KÖRKEL, J., BACK, R. & GEHRING, U.(1989): Das Bewältigungsverhalten von Suchttherapeuten nach einem Rückfall »ihres« Klienten. In H. WATZL & R. COHEN (Hrsg.), Rückfall und Rückfallprophylaxe (S. 210–225). Berlin: Springer.

KÖRKEL, J., DITTMANN, E., PAHLKE, B. & WOHLFARTH, R. (1992): Grundzüge stationärer Rückfallarbeit. In J. KÖRKEL (Hrsg.), Der Rückfall des Suchtkranken – Flucht in die Sucht? (S. 239–267). (2. Aufl.). Berlin: Springer.

KÖRKEL, J. & LAUER, G. (1992): Der Rückfall des Alkoholabhängigen: Einführung in die Thematik und Überblick über den Forschungsstand. In J. KÖRKEL (Hrsg.), Der Rückfall des Suchtkranken – Flucht in die Sucht? (S. 3–122). (2. Aufl.). Berlin: Springer.

KÖRKEL, J. & WOHLFARTH, R. (1992): Rückfall – ein Vorfall, der kein Zufall ist. In J. KÖRKEL (Hrsg.), Rückfall muß keine Katastrophe sein. Ein Leitfaden für Abhängige und Angehörige (S. 13–48). (2. Aufl.). Wuppertal: Blaukreuz.

KOZLOWSKI, L.T. & WILKINSON, D.A. (1987): Use and misuse of the concept of craving by alcohol, tobacco, and drug researchers. British Journal of Addiction, 82, 31–36.

KRUSE, G. (1991): Erkennen einer Suchtkrankheit – leicht und schwer zugleich. Niedersächsisches Ärzteblatt, Heft 10/91, 18–24.

KRUSE, G. (1992): Praxisratgeber Sozialpsychiatrie. Stuttgart: Fischer.

KRUSE, G. & SIEVERS, K. (1987): Tagesklinische Behandlung von Abhängigkeitskranken. Psychiatrische Praxis, 14, 174–178.

KÜFNER, H. (1991): Die Zeit danach. Chancen und Entwicklungsmöglichkeiten für Betroffene nach Entwöhnungsbehandlung und Selbsthilfegruppe. München: Röttger.

KÜFNER, H. & FEUERLEIN, W. (1989): In-patient treatment for alcoholism. A multi-centre evaluation study. Berlin: Springer.

KÜFNER, H., FEUERLEIN, W. & FLOHRSCHÜTZ, T. (1986): Die stationäre Behandlung von Alkoholabhängigen: Merkmale von Patienten und Behandlungseinrichtungen, katamnestische Ergebnisse. Suchtgefahren, 32, 1–86.

KÜFNER, H., FEUERLEIN, W. & HUBER, M. (1988): Die stationäre Behandlung von Alkoholabhängigen: Ergebnisse der 4-Jahreskatamnesen, mögliche Konsequenzen für Indikationsstellung und Behandlung. Suchtgefahren 34, 157–272.

LAUER, G. (1991): Rückfall als Thema für den niedergelassenen Arzt. In J. KÖRKEL (Hrsg.), Praxis der Rückfallbehandlung. Ein Leitfaden für Berater, Therapeuten und ehrenamtliche Helfer (S. 127–144). Wuppertal: Blaukreuz.

LINDENMEYER, J. (1991): Pairing: Partner gefunden, Therapie zu Ende? Sucht, 37, 193–195.

MARQUARD, O. (1990): Grenzreaktionen. Haß als Kehrseite der Brüderlichkeit. In E. HERDIECKERHOFF, D. v. EKESPARRE, R. ELGETI, C. MARAHRENS-SCHÜRG (Hrsg.), Hassen und Versöhnen. Psychoanalytische Erkundungen. Göttingen: Vandenhoeck & Ruprecht.

MATAKAS, F., BERGER, H., KOESTER, H. & LEGNARO, A. (1984): Alkoholismus als Karriere. Berlin: Springer.

MERKEL, C.M. (1987): Zur Psychodynamik des Rückfalls bei Alkoholabhängigkeit. Materialien zur Psychoanalyse und analytisch orientierten Psychotherapie 13, 112–178.

MINNEKER, E. (1991): Bedingungen des Rückfalls bei Rauchern. Frankfurt: Lang.

NULLMEYER, H. (1980): Ich heiße Erika und bin Alkoholikerin. Frankfurt: Fischer.

PERNHAUPT, G. (1985): Der Rückfall – Schlüssel zur Sucht. Wiener Zeitschrift für Suchtforschung, 8, 51–56.

RADO, S. (1934): Psychoanalyse der Pharmakothymie. Internationale Zeitschrift für Psychoanalyse, 20, 16–32.

RENNERT, M. (1992): Rückfall – Alptraum für die Angehörigen. In J. KÖRKEL (Hrsg.), Rückfall muß keine Katastrophe sein. Ein Leitfaden für Abhängige und Angehörige (S. 59–78). (2. Aufl.). Wuppertal: Blaukreuz.

REVENSTORF, D. & METSCH, H. (1986): Lerntheoretische Grundlage der Sucht. In W. FEUERLEIN (Hrsg.), Theorie der Sucht (S. 121–150). Berlin: Springer.

ROMMELSPACHER, H., SCHMIDT, L.G. & OTTO, M. (1991): Pathobiochemie der Alkoholabhängigkeit. In K. Wanke & G. BÜHRINGER (Hrsg.), Grundstörungen der Sucht (S. 115–128). Berlin: Springer.

ROTHENBACHER, H., FRITZ-PFANNKUCH, G. & WEITHMANN, G. (1985): Sind Entwöhnungsstationen in Psychiatrischen Landeskrankenhäusern notwendig? Spektrum 14 (1), 42–44.

ROST, W.-D. (1987): Psychoanalyse des Alkoholismus. Stuttgart: Klett-Cotta.

SCHACKE, J. (1991): Suchtkrankenhilfe. Aufbruch zu neuen Ufern. In T. BOCK & H. WEIGAND (Hrsg.), Hand-werksbuch Psychiatrie (S. 348–369). Bonn: Psychiatrie-Verlag.

SCHLÜTER -DUPONT, L. (1990): Alkoholismustherapie. Stuttgart: Schattauer.

SCHMIDT, G. (1992): Rückfälle von als suchtkrank diagnostizierten Patienten aus systemischer Sicht. In J. KÖRKEL (Hrsg.), Der Rückfall des Suchtkranken – Flucht in die Sucht? (S. 173–213). (2. Aufl.). Berlin: Springer.

Schneider, W. (1988): Zur Frage von Ausstiegschancen und Selbstheilung bei Opiatabhängigkeit. Auswertung von Ergebnissen aus Langzeitforschung. Suchtgefahren, 34, 472–490.

Schuckit, M.A. (1987): Biology of risk for alcoholism. In H.Y. Meltzer (Ed.), Psychopharmakology: The third generation of progress (pp. 1527–1533). New York: Raven.

Schwoon, D.R. & Krausz, M. (1990a): Psychiatrie und Sucht. Anmerkungen zu einem zwiespältigen Verhältnis. In D.R. Schwoon & M. Krausz (Hrsg.), Suchtkranke. Die ungeliebten Kinder der Psychiatrie (S. 3–15). Stuttgart: Enke.

Schwoon, D.R. & Krausz, M. (Hrsg.) (1990b): Suchtkranke. Die ungeliebten Kinder der Psychiatrie. Stuttgart: Enke.

Schwoon, D.R. & Krausz, M. (1992): Psychose und Sucht; Krankheitsmodelle, Verbreitung, therapeutische Ansätze. Freiburg: Lambertus.

Sloterdijk, P. (1991): Weltsucht. Anmerkungen zum Drogenproblem. In P. Buchheim, M. Cierpka & Th. Seifert (Hrsg.), Psychotherapie im Wandel: Abhängigkeit (S. 145–163). Berlin: Springer.

Sozialpsychiatrische Informationen (1991): Themenschwerpunktheft: Der »immer wiederkehrende Patient«, 21 (2), 1–49.

Sucht (1992): (Schwerpunkt: Biologische Mechanismen der Sucht), 38 (2), 75–119.

Weithmann, G., Lenz -Bücker, U. & Rothenbacher, H. (1989): Unterschiedliche Formen der Chronifizierung bei suchtkranken Patienten eines psychiatrischen Krankenhauses. Psychiatrische Praxis, 16, 171–178.

Wienberg, G. (Hrsg.) (1992): Die vergessene Mehrheit. Zur Realität der Versorgung alkohol- und medikamentenabhängiger Menschen. Bonn: Psychiatrie-Verlag.

Wienberg, G., F. Andritsch, W. Bertram, E. Drees, H. Fleischmann, H.-G. Gerber, M. v.d. Haar, G. Kruse, N.

Pörksen, A. Schlösser, H. Spranger, R. Steinberg & Ch. Zechert (bisher unveröffentlichtes Manuskript): Abhängigkeitskranke in psychiatrischer Krankenhausbehandlung – Ergebnisse einer Erhebung in 14 Kliniken der Bundesrepublik.

Wieser, S. (1968): Über das Trinkverhalten der allgemeinen Bevölkerung und Stereotype des Abstinenten und Trinkers; eine empirische soziopsychiatrische Studie im Bundesland Bremen. Fortschritte der Neurologie und Psychiatrie, 36, 485–509.

Wohlfarth, R. (1991a): Das 4-Schritte-Modell der stationären Bearbeitung von Alkoholrückfällen: Ein Erfahrungsbericht. In J. Körkel, M. Wernado & R. Wohlfarth (Hrsg.), Umgang mit Rückfällen während der stationären Therapie (S. 61–91). Bonn: Nagel.

Wohlfarth, R. (1991b): Unfähig zur Abstinenz? Zum Umgang mit einigen Problemgruppen im Alkoholismusbereich. In J. Körkel (Hrsg.), Praxis der Rückfallbehandlung. Ein Leitfaden für Berater, Therapeuten und ehrenamtliche Helfer (S. 165–177). Wuppertal: Blaukreuz.

Wohlfarth, R. (1992): Sucht und Rückfall als Ausdruck narzißtischer Störungen. In J. Körkel (Hrsg.), Der Rückfall des Suchtkranken – Flucht in die Sucht? (S. 149–172). (2. Aufl.). Berlin: Springer.

Wurmser, L. (1990): Buchbesprechung von Fingarette, Herbert : Heavy Drinking. (University of California Press) 1988. Psyche 44 (8), 765–770.